웃음으로
치매를
예방하라

누구나 쉽게 따라 할 수 있는 치매 예방법

웃음으로 치매를 예방하라

초판 1쇄 인쇄일 2023년 9월 13일
초판 1쇄 발행일 2023년 9월 20일

지은이 이순자
펴낸이 양옥매
디자인 최수정 표지혜
마케팅 송용호
교 정 조준경

펴낸곳 도서출판 책과나무
출판등록 제2012-000376
주소 서울특별시 마포구 방울내로 79 이노빌딩 302호
대표전화 02.372.1537 **팩스** 02.372.1538
이메일 booknamu2007@naver.com
홈페이지 www.booknamu.com
ISBN 979-11-6752-354-9 (03330)

누구나 쉽게 따라 할 수 있는 치매 예방법

웃음으로 치매를 예방하라

이순자 · 지음

치매 전문 강사 이순자와 함께하는
치매를 예방하는 웃음 테라피

책과나무

치매를 예방하는 기틀은 웃음이다

초고령화 사회로 접어들면서 치매는 많은 노인들이 걱정하는 최고의 위협이 되고 있다. 미국은 전 세계 인구 대비 치매 발병률이 가장 낮은 나라임에도 전직 대통령 오바마가 치매와의 전쟁을 선포할 정도로 이를 심각한 문제로 보고 있다. 전문가들은 우리나라도 치매 환자가 2050년에는 270만 명에 이르며, 106조 원의 비용이 들어갈 것이라고 예상한다.

치매가 개인의 행복뿐 아니라 가족과의 갈등 등 삶 전체를 흔들어 놓는데도 불구하고 치료 방법은 아직 명확히 나오지 않은 상태로, 초기 치매일 경우 진행을 늦추는 것이 치료의 전부일 뿐이다. 근본적인 치료에는 여전히 의학적 한계를 드러내고 있지만, 예방은 얼마든지 가능하다고 본다. 치매 예방은 시간을 두고 장기적이고 체계적인 프로그램의 운영이 절실히 필요하다.

안양에서 치매예방지부를 열어 프로그램을 운영해 본 결과, 교육을 받은 어르신들은 치매의 심각성을 인지하고 크게 변화되었다.

많이 웃으며 부정적인 생각을 긍정적으로 바꾸었다.

이러한 치매 예방 교육은 노인뿐 아니라 젊은 계층, 특히 청소년들에게도 필요하다. 치매 환자를 돌보는 책임은 결국 한 개인의 문제가 아니라 가족 모두, 나아가 사회의 책임으로 함께해야 하기 때문이다. 우리 모두 각자 치매 없는 미래를 준비하기 위해서라도 치매에 대해 관심을 가져야 한다. 치매 예방 교육은 사람을 살리고 가족과 더 나아가 공동체를 살리는 일이다. 내가 행복하면 가족이 행복하고, 또 내가 속해 있는 모든 곳이 행복해지기 때문이다.

나는 안양에서 치매 예방 프로그램을 10년 넘게 진행하면서 열정을 쏟고 있다. 이 일을 사명감이라고 믿고 있기 때문이다. 욕심이 한 가지 있다면, 그것은 전 국민이 치매 예방 교육의 필요성을 느끼고 사전에 교육을 받는 것이다.

누구나 나이가 들어가면서 치매에 걸리지 않고 명대로 살다가 자연사하기를 바라지만 행여라도 치매에 걸릴지도 모르기 때문에 치매 예방 프로그램에 대한 관심은 갈수록 높아지고 있다. 치매를 예방하는 가장 큰 단계는 긍정적인 마음이다.

우리를 둘러싼 일·사랑·우정·일상생활·인간관계는 즐거움뿐 아니라 고민·좌절·우울·스트레스 같은 부정적인 것들이 더 많다. 그럴수록 웃어야 한다고, 행복하게 살아야 한다고 말하는 나조차 갈등과 고민에 휩싸이기도 하지만, 살아 보니 그런다고 상황이 좋아지는 건 아니다. 그래도 우리가 "이런저런 방법을 찾아봐도 웃으니 나아지더라." 하며 목소리를 높이는 건 직접 경험을 통해 느낀 것이다.

치매 예방에 웃음이 좋으니 많이 웃어야 한다고 얘기한다. 그래서인지 사람들의 인식이 많이 긍정적으로 바뀌었다.

삶이 답답하고 힘들어도 웃으면서 문제를 검토하고 마음을 모으면 원만한 해결책을 찾을 수 있다. 특히 웃음은 전염성이 강해 조직이나 가정의 결속력을 다지는 접착제 구실을 한다. 부디 웃음을 내 편으로 만들어 행복한 인생을 가꿔 가길 진심으로 바라는 마음이다.

남편과 아이들, 그리고 이 글을 쓰도록 격려해 주고 함께 노력해 준 모든 동료에게 진심으로 감사의 말씀드립니다.

2023년 9월
이 순 자

목
차

치매의 개념과 실태

1. 치매의 개념

치매란 인지와 정신기능이 퇴화하는 기질성 정신장애로 성격 변화, 기억과 행동 등을 동반하는 복합적인 임상증후군이다. 지속적이고 장기적인 치료와 관리가 필요한 치매는 만성질환으로, 국가의 치매 관리비용이 급속도로 증가함으로 인해 국가의 책임도 가중되고 있다. 치매 인구의 증가는 환자를 치료하고 돌보는 비용 증가로 이어지기 때문이다.

정부는 치매에 예방 및 조기발견 치매종합관리대책, 치매관리종합계획, 치매 국가책임제 등 다양한 노력을 기울이고 있으며, 점차적으로 완벽한 치료가 거의 불가능한 질환인 치매의 예방에 중점을 두고 강화해 나아갈 계획이라고 밝혔다.

치매를 완전히 예방하기는 어렵지만 위험요인을 관리함으로써 치매의 위험을 최소화할 수는 있다. 치매의 7대 위험요인으로는 고혈압, 당뇨, 흡연, 운동 부족, 우울증, 중년의 비만을 꼽고 있다. 그리고 알츠하이머병의 절반은 이러한 위험요인에 기인한다.

그러므로 생애 초기의 교육뿐 아니라 평생 교육 기회 강화, 금연과 신체적 활동 촉진, 우울증 및 중년기 고혈압, 비만, 당뇨 등의 증상 관리를 목표로 하는 캠페인이 중요하다. 뇌에 알츠하이머병의 병리가 시작되는 시점이 40대부터라는 점을 고려한다면, 중년기부터 관리가 필요하다고 보는 학자들도 있다.

최근에는 '젊은 치매'라 불리는 초로기 치매(만 65세 미만 치매)가 2017년 진료받은 치매 환자 42만 4,239명 중 1만 9,665명(약4.6%)이었다. 국민건강보험 자료에 의하면, 최근 65세 미만 노인장기요양보험 대상자 중 치매 환자 수가 증가 추세를 보이며 치매의 관심 대상이 노년층으로 제한되지 않고 중년층으로 확대되고 있다고 한다.

치매 위험인자의 조기 발견과 약물 치료를 통한 치매 진행 속도의 완화, 치매 조기 검진으로 연간 1조 3천억 원에서 2조 8천억 원의 의료비용을 감소시킬 수 있다는 보고 등이 발표되면서 치매 관리와 더불어 치매 예방이 중요하게 강조되고 있다. 특히 생활습관 변화와 식이요법 등이 치매 위험인자를 감소시키고, 치매의 발병 또한 늦출 수 있다는 점을 고려할 때, 예방 관리가 무엇보다 치매의 진행을 최대한 늦추고 부담도 줄여 준다는 점에서 예방만이 최선의 방법이다.

중년층은 치매 노인을 부양하는 동시에 치매의 위험에도 크게 노출되어 있으므로, 부모의 돌봄과 자신의 치매 발병의 문제로 어려운 시기라고 할 수 있다. 그러므로 중년기부터의 관리는 중요하며 치매에 대한 지식, 태도, 치매 예방 행위에 관한 연구와 대상도 노인층에서 중년층으로 확대하여 예방 교육을 할 필요성이 있다.

치매는 인지영역의 전반적인 저하를 의미하며 한 가지 원인에 의해서 생기기보다는 다양한 원인에 의해서 생기는 뇌 질환으로 보고 있다. 따라서 치매는 대뇌가 손상을 입어 언어능력의 저하, 인지기능의 저하, 신체적 기능이 지속적이고 전반적으로 손상되는 질환이라고 할 수 있다.

치매는 일반적으로 뇌가 기질적으로 손상되거나 파괴되어 전반적으로 단기·장기 기억력, 사고력, 지남력, 이해력, 언어력, 계산능력 등과 같은 인지 기능과 고등정신기능이 쇠퇴되고, 시간이 지날수록 언어능력이 저하되고, 신체적 기능이 손실되어 행동하는 것이 어려운 질환에 이르기까지 범위가 넓다.

2. 치매의 실태

중앙치매센터의 2022년 치매 현황을 보면 65세 이상 추정 치매 환자는 약 84만 명, 그중 80세 이상 환자가 약 53만 명으로 63%의 비중을 차지하고 있다. 국제알츠하이머협회(ADI)와 세계보건기구(WHO)는 영국 에든버러에서 열린 총회에서 매년 9월 21일을 '세계 치매의 날'로 정해서 치매의 위험성을 인식하도록 하였다.

치매의 종류별 분석 결과를 보면 알츠하이머형 치매는 전체의 약

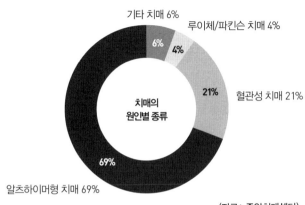

기타 치매 6%

루이체/파킨슨 치매 4%

6% 4%

21% 혈관성 치매 21%

치매의
원인별 종류

69%

알츠하이머형 치매 69%

(자료: 중앙치매센터)

70%를 차지하고 있고, 혈관성 치매는 약 20%, 그리고 알츠하이머형 치매와 혈관성 치매가 동시에 발생하는 경우는 약 15%인 것으로 알려져 있다. 결국 치매의 원인 중 가장 많은 것은 알츠하이머병과 혈관성 치매라고 할 수 있다.

나이가 들수록, 그리고 남성보다는 여성이, 고학력자보다는 저학력자가 치매에 걸릴 확률이 높은 것으로 나타났다. 치매의 주요 특징은 신경 정신병학 증상, 인지능력 감소, 그 외 기능적 장애도 나타난다. 약물 과다, 전해질 장애, 알코올 등과 같은 화학물질의 중독, 갑상선 질환이나 두부외상, 수두증, 비타민의 결핍, 등 60여 가지 원인으로 발생한다고 한다.

이 가운데 혈관성 치매는 뇌혈관 질환인 뇌졸중 발병 3개월 후 62.6% 발생되며 인지, 보행 및 일상생활 동작, 실행성 기능 등에 장기간 동안 영향을 끼친다. 또한 질환 진행 경과가 알츠하이머 치매보다 다양하며, 위험요소·증상·병인 등 여러 종류로 나뉘어 있어 진단과 분류가 어렵다.

파킨슨씨병에 동반된 치매는 파킨슨씨병 환자의 40%에게서 발병하며, 주요 특징으로는 실행성기능 장애, 주의력 결핍, 시공간적 능력과 구성능력의 감소를 들 수 있다. 파킨슨씨병을 동반한 치매 환자의 26%는 알츠하이머 치매 환자와 인지적 증상이 같아 진단에 어려움이 있다.

치매 노인의 연령이 증가하면서 균형을 조절하는 시각, 전정계 기능, 고유수용 감각의 감소로 최소 운동단위의 비활성, 근동원력 및 인지 기능 저하로 보행과 균형에 장애를 받고, 경직 증가와 기능적 제한이 일상생활 동작 수행 능력을 감소시켜 체중 감소, 근육 감소증 그리고 지속적인 허약감을 증가시킨다. 이러한 결과, 불안정한 자세와 감각기관 기능 저하로 낙상의 위험이 높고 운동기능이 저하되어 치매의 진행 및 병리적 변화가 일어난다.

치매 노인의 보행 특성은 정상 노인에 비해 조심스러운 보행 형태와 느린 보행 속도, 자세 안정 감소, 정적·동적 균형 감소 및 넓은 기저면을 나타낸다. 40~50%의 치매 노인에게서 나타나는 정서장애는 근심, 침울함, 실패감, 상실감, 무력함, 무가치함 등인데, 정서장애는 건강 상태, 인지기능, 일상생활 능력이 낮을수록 높아지며, 삶의 질을 저하시켜 치매 노인이 시설에 입원하게 하는 주요 원인이 된다(Fitten, 2006).

또한 인지기능 저하와 정서 장애 그리고 건강상태가 악화될수록 치매 노인의 우울이 높게 나타난다. 노인의 우울은 연령의 증가, 신체적 질병, 정신 장애, 경제능력 약화, 사회적 고립 등의 원인으로 악화되며(Moussavi et al, 2007), 일상생활 및 운동기능 장애, 자살 위험과 사망률 증가와 같은 결과를 초래하므로 노인의 우울은 삶의 질과 높은 관련성을 갖는다.

치매 노인의 복합적인 특성은 서로 연관되어 있고 점진적으로 악화되는 특성을 가지고 있으므로 치매 노인이 가진 기능과 특성을 보존·관리하면서 건강을 증진시킬 수 있는 통합적 접근이 필요하다. 치매 노인에 대한 연구들은 전체적인 인지 및 정서적인 증상에만 초점을 두고 있어, 운동 수행 능력의 측정을 포함한 치매의 정도, 우울 및 삶의 질의 관계를 통합적으로 조사한 연구가 부족한 실정이다.

3. 치매의 특징

치매는 노인에게 흔히 나타나는 건망증이나 노망 같은 노인성 질환과는 다르다. 치매는 후천적으로 뇌가 손상되면서 이루어지기 때문에 건망증이나 노망과는 차이를 보인다. 치매로 판정하기 위해서는 다음과 같은 몇 가지 특징을 가지고 있어야 한다.

— 치매는 후천적으로 나타나는 현상이다.
— 뇌의 전반적인 손상에 의한 정신증상으로 나타난다.
— 기억·지능·인격기능의 장애가 전반적으로 있어야 한다.

— 의식의 장애가 없어야 한다. 치매는 정상적인 뇌가 후천적인 질병
  이나 외상 등에 의한 손상으로 인지기능과 고등지식학습의 기능
  이 떨어지는 복합적인 증상이다.

4. 치매의 위험인자

위험인자는 어떤 질환의 발생 확률을 직접적 · 간접적으로 상승시
키는 신체적 또는 생활 습관적 요인을 말한다. 치매의 원인을 종합
해 보면 치매를 발병하게 하는 몇 가지 중요한 위험인자가 있다. 잘
알려진 위험인자는 다음과 같다.

1) 노화

노화는 치매를 발병하게 하는 가장 중요한 위험인자로, 나이가
들수록 치매의 발병 위험은 높아진다. 대부분의 치매 발병은 65세
이상의 노인부터 연령이 높아질수록 발병률도 높아진다. 역학조사
에 의하면 65세 이후 5년마다 발병률이 2배 이상 증가하므로, 65세
이후의 노화는 알츠하이머병 발생의 가장 큰 위험인자라고 할 수
있다.

2) 가족력

가족력이란 가족이라는 혈연관계에서 나타나는 유전적 또는 체질
적 질환을 말한다. 부모가 모두 알츠하이머병에 걸린 경우 그 자손

이 80세까지 알츠하이머병에 걸릴 위험도가 54%로, 부모 중 한쪽이 환자일 때보다 1.5배, 부모가 정상일 때보다 5배 더 위험도가 증가하는 것으로 나타났다. 따라서 부모가 치매에 걸린 경우 가족력으로 자녀에게도 영향을 준다는 것을 알 수 있다.

3) 여성

치매는 일반적으로 남성보다는 여성에게서 많이 나타나며, 특히 알츠하이머병의 경우는 13% 정도 발병 위험이 높은 것으로 나타났다.

4) 환경

알코올과 흡연 같은 각종 독성 유해물질을 섭취할 경우 치매에 걸릴 확률이 높아진다. 그리고 혈관성 치매도 소금이나 지방 등에 의하여 나쁜 영향을 받기 때문에 환경 요인이 중요한 위험인자라고 할 수 있다.

5) 두부외상

치매는 뇌에 손상이 생기는 외부 원인에 의해서도 발병한다. 따라서 의식을 잃을 정도로 심하게 머리를 다치거나 경미하지만 여러 차례 머리를 반복해서 다친 경우에 발병률이 높아지며, 낙상, 교통사고, 폭행, 스포츠 부상, 뇌진탕, 뇌출혈, 뇌 손상 등 여러 형태로 나타날 수 있다.

두부 외상으로 인한 치매의 증상은 치매의 유형과 정도에 따라 다양하게 나타날 수 있는데 인지력 저하, 판단력 장애기억력 장애, 언어 장애 등이 있다. 치료 방법은 환자의 증상과 상태에 따라 다르지만, 일반적으로 약물 치료, 물리 치료, 작업 치료, 인지 재활 치료 등이 시행되며 이를 예방하기 위해 현장에서는 기본 수칙을 준수하고 안전모를 착용하며, 음주운전을 하거나 뛰는 등의 위험한 행동을 자제하는 것이 중요하다.

두부 손상의 증상은 경미한 두통과 어지러움에서부터 심각한 의식 상실, 경련, 마비에 이르기까지 다양하며, 두부 손상을 입은 경우 즉시 병원으로 가서 진료를 받는 것이 중요하다. 두부 손상의 치료는 손상의 정도에 따라 달라진다. 경미한 두부 손상의 경우 휴식과 약물 치료가 가능하고, 심각한 두부 손상의 경우 수술이 필요할수도 있다. 또한 후유증을 남길 수 있으므로, 두부 손상을 입은 경우 의사와 상담하여 적절한 치료를 받는 것이 중요하다.

6) 치매 환자의 교육 수준

치매는 인지 기능에 장애를 일으키는 퇴행성 뇌 질환이다. 치매의 발병에는 여러 가지 위험 요인이 있지만, 치매 환자의 교육 연한을 살펴보면 고학력자보다는 저학력자가 많이 걸리는 것으로 나타났다. 결국 뇌를 많이 쓰는 고학력자일수록 정신계 손상을 감소시켜 치매 예방에 도움이 된다는 것이다.

연구에 따르면, 교육 수준이 높은 사람은 교육 수준이 낮은 사람보다 치매에 걸릴 위험이 낮다. 미국의 한 연구에 따르면, 고등 교육을 받은 사람은 고등 교육을 받지 않은 사람보다 치매에 걸릴 위험이 23% 낮았다고 한다.

새로운 교육 수준이 치매의 위험을 낮추는 이유는 아직 완전히 밝혀지지 않았지만, 교육을 통해 뇌의 신경망이 활성화되고 뇌의 노화가 늦춰지는 데 도움이 되는 것으로 추정된다. 결국 배우다 보면 뇌의 기능이 활발히 움직이는 것을 주변의 경우나 나의 경험상으로도 알 수 있었다. 치매는 예방이 가능한 질환이기 때문에 치매 예방을 위해서는 교육 수준을 높이고, 건강한 식단을 섭취하고, 규칙적인 운동을 하며, 스트레스를 줄이는 것이 중요하다.

7) 성인병

치매는 다양한 요인으로 발병하는데 그중에서도 고혈압, 당뇨병, 비만, 심장병 같은 합병증으로 치매가 발생할 수 있다.

8) 우울증과 치매

우울증은 정신질환의 일종으로, 우리의 기분, 생각, 행동 등에 영향을 미친다. 일상생활에서 발생하는 스트레스나 집중력 저하, 친족의 사망 등의 요인이 우울을 유발할 수 있으며, 이러한 요인들이 누적되면 우울증이 지속될 수 있다. 우울증의 증상과 징후는 다양한데, 그중 몇 가지 주요 증상을 살펴보면 다음과 같다.

— 슬픔과 울음
— 취미를 잃고, 점차적으로 삶에 대한 관심을 잃음
— 부정적인 자기 대화

— 예전에 즐거웠던 일들에 대한 관심 여부 감소
— 잠이 많이 필요해지고, 다른 활동들에 대한 흥미를 잃음
— 인간관계에서 쉽게 상처받을 수 있고, 이전보다 인내심이 저하 됨
— 자주 신체적인 불쾌감이 있다거나, 다른 신체적인 증상이 나타남

　우울증은 정신건강의 전체적인 측면에 영향을 미치는 건강 상태로서 주변에 있는 다른 사람들, 그리고 자신에게도 영향을 미친다. 특히 노인성 우울증의 경우, 심해지면 뇌에서 여러 가지 호르몬들이 분출된다. 집중력을 관장하는 도파민 호르몬이 적게 분비되고, 이로 인해 점차 기억력 장애가 생기게 된다. 따라서 노인의 우울증은 치매 발병률을 높일 수 있다.

:: **치매의 진행 단계** ::

구 분	내 용
1단계	정상
2단계	매우 경미한 인지 장애
3단계	경미한 인지 장애
4단계	중등도의 인지장애
5단계	초기 중증의 인지장애
6단계	중증의 인지장애
7단계	후기 중증 인지장애

5. 치매의 진행 단계

치매는 증상의 심각도와 진행 속도에 따라 단계별로 분류할 수 있다. 이에 맞게 이해하고 대처하는 것은 치매 환자와 가족 모두에게 매우 중요하다. 치매의 원인 중 가장 많은 알츠하이머병의 증상에 대해서 뉴욕의대의 실버스타인 노화와 치매연구센터(Silberstein Aging and Dementia Research Center)의 배리 라이스버그(Barry Reisberg) 박사는 알츠하이머병의 진행 단계에 따라 증상을 다음과 같이 7단계로 구분하였다.

1) 1단계: 정상
정상대상자와의 임상 면담에서도 기억장애나 특별한 증상이 발견되지 않은 정상적인 상태를 말한다.

2) 2단계: 매우 경미한 인지 장애
정상적인 노화 과정으로 알츠하이머병의 최초 증상이 나타나는 시기이다. 정상일 때보다 기억력이 떨어지며 건망증의 증상이 나타나지만 임상 면담에서는 치매의 뚜렷한 증상이 발견되지 않기 때문에 매우 경미한 인지 장애 상태라고 한다. 2단계는 특별한 단정을 짓기는 어렵지만 경미하게 인지 장애가 나타나는 단계로 일상평가에서 발견되지 않기 때문에 주변 사람들도 대상자의 이상을 느끼지 못한다.

3) 3단계: 경미한 인지장애

대상자 중 일부는 임상 면담에서 초기 단계의 알츠하이머병으로 진단이 가능한 단계다. 3단계에서는 정상단계에 비하여 경미한 인지장애가 뚜렷하게 나타나기 때문에, 주변 사람들도 대상자의 치매가 시작되었다는 것을 눈치채기 시작하는 단계다. 3단계에 이르게 되면 기억력의 감소가 시작되어 전에 했던 일이 잘 기억나지 않으며, 단어가 금방 떠오르지 않아 말이 자연스럽지 않고, 물건을 엉뚱한 곳에 두거나 잃어버리기도 한다.

4) 4단계: 중등도의 인지장애

임상 면담에서 중등도의 인지장애가 발견되는 단계로 경도 또는 초기의 알츠하이머병이 진행되는 단계다. 4단계에서는 자세한 임상 면담을 통해서 여러 인지 영역에서 분명한 인지 저하 증상을 확인할 수 있다. 4단계에 이르게 되면 자신의 생활에서 일어난 최근 사건을 잘 기억하지 못하여, 기억을 잃어버리는 일이 자주 발생한다. 그리고 수의 계산이나 돈 계산능력의 저하가 나타난다.

5) 5단계: 초기 중증의 인지장애

임상 면담에서 초기 중증의 인지장애가 발견되는 단계로 중기의 알츠하이머병이 진행되는 단계다. 5단계에서는 기억력과 사고력 저하가 분명하고 일상생활에서 다른 사람의 도움이 필요해지기 시작한다. 5단계에 이르게 되면 자신의 집 주소나 전화번호를 기억하기 어려워하며 길을 잃거나 날짜, 요일을 헷갈려 한다. 하지만 자신이

나 가족의 중요한 정보는 기억하고 있으며 화장실 사용에 도움을 필
요로 하지는 않는다.

6) 6단계: 중증의 인지장애

임상 면담에서 중증의 인지 장애가 발견되는 단계로 중증기의 알
츠하이머병이다. 기억력은 더 나빠지고, 성격 변화가 일어나며 일상
생활에서 많은 도움을 필요로 하게 된다. 6단계에 이르게 되면 최근
자신에게 일어났던 일을 인지하지 못하고 주요한 자신의 과거사를
기억하는 데 어려움을 겪는다. 그리고 익숙한 얼굴과 익숙하지 않은
얼굴을 구별할 수는 있으나, 배우자나 간병인의 이름을 기억하는 데
어려움이 있다. 또한 대소변 조절을 제대로 하지 못하기 시작하여
다른 사람의 도움이 필요해진다. 그리고 옷을 혼자 갈아입지 못하여
다른 사람의 도움이 없이는 적절히 옷을 입지 못한다. 할 일 없이 배
회하거나, 집을 나가면 길을 잃어버리는 경향이 있기 때문에 주의를
기울여야 한다. 성격이 변화되거나 행동에 많은 변화가 생긴다.

7) 7단계: 후기 중증의 인지장애

마지막 7단계는 후기 중증 인지 장애 또는 말기 치매 단계를 말한
다. 7단계에서는 이상 반사와 같은 비정상적인 신경학적 증상이나
징후가 보여 정신이나 신체가 자신의 통제를 벗어나게 된다. 식사나
화장실 사용 등 개인 일상생활에서 다른 사람의 상당한 도움을 필요
로 하게 되며, 누워서 생활하는 시간이 많아진다.

6. 치매와 유사한 증상

노인은 나이가 들수록 뇌세포의 감소와 사회적인 고립과 스트레스로 인해 치매와 비슷한 증상이 나타난다. 치매는 빨리 발견되어야 도움이 되므로 다른 유사 질환과의 차이를 구별할 수 있어야 한다.

1) 노망(老妄)

노망은 늙어서도 철이 들지 않아 아이들처럼 어리석은 행동을 하며 주변 사람들에게 피해를 입히는 행동을 말한다. 과거에는 노인의 정신이 흐려져서 말과 행동이 비정상적이면 노망이 들었다고 하였다. 노망은 노인이면 뇌세포가 죽으면서 당연히 겪게 되는 노화현상이다. 노망과 치매의 차이는 노망은 신체 노화에 따른 자연스러운 현상인 반면에, 치매는 의학적 관찰로 진단되는 특정 원인을 가지는 치료의 대상이라는 점이다.

2) 망령(妄靈)

망령의 사전적인 의미는 '죽은 사람의 영혼'이라는 뜻으로 인간이나 동물이 시체로부터 떨어져 나온 혼을 가리키는 말이기도 하다. 망령은 사람이 늙거나 큰 병으로 정신력이 쇠약해져서 언행이 보통 상태를 벗어나는 현상을 말한다. 정신이 흐려져서 말과 행동이 비정상적이면 망령이 들었다고 한다. 망령은 노망보다 상태가 심한 경우에 사용하며, 부정적인 의미가 더욱 강하다. 망령과 치매의 차이도 망령은 신체 노화에 따른 자연스러운 현상인 반면에, 치매는 의학적 관찰로 진단되는 특정 원인을 가지는 치료의 대상이라는 점이다.

3) 건망증(健忘症)

건망증은 경험한 일을 전혀 기억하지 못하거나, 어느 시기 동안의 일을 전혀 기억하지 못하거나, 또는 드문드문 기억하기도 하다가 다시 기억이 나는 기억장애를 말한다. 치매로 인한 기억장애는 한번 기억이 안 나면 거의 기억이 나지 않지만, 건망증은 기억이 안 났다가도 일정한 시간이 지나면 기억이 나는 차이가 있다.

노인 건망증의 원인은 뇌신경의 퇴화라는 것 외에도 복합적인 심리적·정서적인 요인으로 나타나기도 한다. 불안감이나 우울증을 겪고 있거나, 심각한 스트레스 상황에 지속적으로 노출되면 집중력의 저하로 일시적인 건망증이 자주 일어난다. 이는 기억의 문제라기보다는 오히려 그 상황에 의한 집중력에 문제가 생기는 경우라 할 수 있다.

4) 노인 우울증

노인 우울증은 65세 이상 인구의 10명 중 1명이 걸릴 수 있으며 노년기의 정신건강과 관련된 가장 흔한 장애다. 노인 우울증의 증상은 기분이 깊게 가라앉거나 절망감·우울감 등 마음의 고통이 나타나 치매와 유사한 행동을 나타낼 때도 있다. 그러나 노인 우울증은 정신적인 증상만이 아니라 두통, 복통이나 위장 장애 등의 신체적 증상으로 나타나는 경우가 많다.

노인 우울증은 다양한 증상으로 나타나기 때문에 우울증이라고 정확하게 진단하지 못하고 지나치기 쉬운 경우가 많다. 노인 우울증을 진단하기 쉽지 않은 이유는 본인이 우울증에 걸렸다는 걸 깨닫지 못할 뿐만 아니라, 가족이나 친구 등 주위 사람들도 기운이 없는 것은 '나이 탓이다.', '늙으면 누구나 잠이 줄어든다.', '늙어서 혼자되었으니 기운이 없는 것이 당연하다.'고 이해하여 방치되는 일이 많기 때문이다.

노인 우울증은 크게 세 가지 이유로 나타난다. 첫째, 뇌의 노화가 진행됨에 따라 뇌 자체도 노화하여 실제로 뇌에 포함된 화학물질(신경전달물질) 일부에 양적 변화나 부조화가 나타나 부신피질, 갑상선, 하수체 등에서 분비되는 호르몬이 우울 상태를 일으키기 쉽다고 보고 있다.

둘째, 심리적으로 노년이 되면 노화에 따라 성격이 변하고, 그 때문에 스트레스에 대응하는 힘이 약해져 우울증이 일어나기 쉽다.

셋째, 사회적 상실은 누구라도 피하기 어려운 경험이지만 노인의 경우에는 상실감이 복합적으로 겹쳐서 타격이 크며 아무리 해도 대처할 수 없으면 우울증을 일으키게 된다.

5) 노인 강박신경증

노인 강박신경증은 의지의 간섭을 벗어나서 특정한 생각이나 행동을 반복하는 상태를 말한다. 노인 강박신경증은 특정한 생각이나 행동이 나타나기 때문에 때로는 치매와 유사한 행동을 나타낼 때도 있다. 그러나 노인 강박신경증은 잠시 나타나는 증상인 데 반하여, 치매는 지속적으로 증상이 나타난다는 점에서 차이를 보인다.

강박신경증으로 내재된 불안은 자신의 의지에 의해서 어느 정도 조절이 가능하지만, 외부에 의하여 강박 행동을 강제로 중지하게 되면 처음에는 조절되는 것 같지만 나중에는 불안증세가 다시 나타나게 된다. 그리고 자신의 강박증이 불합리하고 나쁜 것인 줄 알면서도 자신도 모르게 반복하게 된다.

강박신경증이 심해지면 원치 않는 지속적인 생각이나 행동을 하게 되고, 이러한 생각이나 행동이 비합리적이라는 것을 알고 있음에도 불구하고 스스로가 통제하거나 조절하지 못하고 이를 반복적으로 하게 된다. 결국에는 일상생활, 학습, 사회적인 활동이나 대인관계에 막대한 영향을 미치게 된다.

치매 문제점 들여다보기

1. 본인의 고통

치매는 나이 든 노인들에게만 나타나는 현상으로 생각하지만 실제로는 빠르면 40대에도 발생할 수 있다. 그러나 대부분의 치매는 대개 65세 이상의 노인들에게 발생하는 노인성 질환이 대부분이며, 뇌의 만성 또는 진행성 질환에서 생기므로 치매에 걸리면 시간이 지날수록 증상이 심해진다.

치매는 초기에는 가벼운 기억에 관련된 장애가 나타나 기억이 저장되지 않을뿐더러 과거의 기억도 잃어버리게 된다. 치매가 진행될수록 인지장애 등이 점차 동반됨으로써 판단능력이 떨어지며, 언어장애로 인하여 일반적인 사회활동 또는 대인관계에 어려움을 겪게 된다.

웃음으로 치매를 예방하라

치매가 심해지면 행동에 대한 통제가 어려워져 일상생활이 힘들어지며, 심하면 대소변의 조절이 어렵게 된다. 그뿐 아니라 자신에게 위해를 가하거나, 간병인이나 보호자에 대하여 공격적인 행동을 하기도 하며 말기에는 일상생활이 어려워져 누운 채로 남의 도움을 받아야 하며, 결국엔 사망에 이르게 된다.

2. 가족의 고통

치매는 노인에게 흔한 질병으로 일반적인 병과는 달리 평균 5~8년 정도 치매가 진행되고, 신체적인 기능들이 떨어져 결국은 생존 자체가 어려워진다. 치매에 걸리면 본인 스스로 세상을 살아가거나 치료를 받기 어렵기 때문에 누군가는 부양해야만 한다.

부모나 배우자가 치매에 걸리면 가족은 길게는 10년 가까이 치매 환자를 돌봐야 한다. 요양 기간이 길게는 수년이 걸리기 때문에 가족에게 상당한 고통을 주게 된다. 만성 퇴행성 질환인 치매는 다양한 정신기능 장애로 환자의 정서적 활동뿐만 아니라 일상생활, 즉 식사하기, 대소변보기, 목욕하기, 옷 갈아입기, 몸단장하기 등의 장애까지 초래하게 된다.

이처럼 치매 환자는 극심한 정신적인 장애와 함께 흔히 신체적인 장애까지 겸하여 다루기가 어렵고, 사물을 이성적으로 판단하지 못하고, 자기 스스로 생활하기 어렵기 때문에 간호와 부양에 어려움이 크다. 따라서 가족에 의한 치매 환자의 부양은 어린아이를 보는 것보다 더 많은 힘이 들기 때문에 육체적으로도 매우 고단한 일이다.

더 큰 문제는 병원비용과 수발과 간호에 들어가는 관리비용의 증가로 인하여 경제적으로 어려움이 크다는 것이다. 매달 들어가는 병원비와 간호에 들어가는 비용의 증가는 당장 가족에게 경제적으로 큰 부감을 줄 수밖에 없다. 경제적인 부담의 증가로 인해 치매 환자를 부양하려는 가족은 점차 줄어 가고 있다.

치매는 장기적인 치료를 필요로 하는 질환이기 때문에 가족 가운데 치매 환자가 있으면 경제적 부담은 물론 심리적인 부담감이 크며, 심지어 이로 인해 가족의 기능마저 와해되는 경우가 있다. 가정에서 주로 담당해 왔던 치매 환자 부양이 점차 공공 부문으로 이전되는 경향이 있으며, 이에 따라 치매 환자에 대한 대책이 중요한 정책 과제로 대두되고 있다.

3. 국가 부담 증가

지금까지 치매 환자를 보호해 왔던 가족은 산업화와 도시화의 현상으로 핵가족화, 여성의 사회 참여, 전통적 부양의식의 변화, 노인 단독가구의 증가, 경제적인 어려움 등으로 인하여 가족의 부양기능이 약화되고 있는 실정이다. 이러한 가운데 치매 노인을 위한 부양부담을 더 이상 가족에게만 맡길 수 없는 상황에 이르렀으며, 국가가 나서서 치매 예방과 관리에 나서고 있다.

문제는 치매 인구의 증가로 인하여 치매 환자의 진료와 치매 환자

관리에 국가가 지출하는 비용이 더욱 증대되고 있다는 점이다. 우리
나라 국가 예산 중에서 치매 관리 사업에 사용한 총예산은 2008년부
터 2012년까지 300억 원대를 유지하였다. 그러나 2013년에는 광역
치매센터를 설립하고, 2014년에는 노인 장기요양보험에서 '치매특
별등급' 도입 등이 추진됨에 따라 2014년 치매 관리 사업에 사용한
총예산은 785억 원으로 2.5배 증가하였다.

보건복지부가 발표한 치매 관리 비용과 치매 치료에 들어가는 관
리 비용의 규모를 살펴보면, 노인의 증가로 인하여 치매 노인들이
증가해 2025년에는 치매 치료에 들어가는 관리 비용으로 30조가 필
요하며, 2030년에는 78.4조가 필요하고, 2050년에는 134.4조가 필
요할 것으로 예측하고 있다.

:: 치매 관리 및 치매 환자 관리비용 추이 ::

구분	2012년	2025년	2040년	2050년
65세 이상 인구 수	53.4만 명	103만 명	185만 명	237만 명
65세 이상 치매 노인 비율	9.1%	10%	11.2%	13.2%
치매 관리 및 치매 환자 비용	10조 3,000억	30조	78조 4,000억	134조 6,000억

(출처: 보건복지부)

치매 환자 관리비용은 다음과 같은 부문으로 구성되어 있다.

— 직접비용: 치료 관련 비용, 약물비용, 병원 입원비 등

— 간접비용: 휴업, 자립 불능 등으로 인한 경제 손실
　　— 사회적 비용: 사회 복지 서비스, 가족 및 친인척의 돌봄 시간, 자원
　　　봉사자의 노동 공헌 등

　치매 치료에 들어가는 비용은 증가해도 문제는 치매 환자들에게 모두 만족할 만한 수준은 아니라는 것이다. 노령인구의 증가에 따라 치매 환자의 수가 급격히 증가할 것으로 예상되나, 치매 환자들을 위한 각종 서비스, 가족들의 부양 부담을 덜어 주는 다양한 사회적 수단은 아직도 부족한 상태라고 할 수 있다.

　사회적으로 치매 환자의 증가와 치매로 인한 여러 가지 문제점이 심각해지고 있어, 정부나 병원에서는 치매에 대한 연구와 치매에 관련된 정책들을 만들어 내고 있다. 그러나 아직 가족들을 만족시키기에는 어려운 실정이다. 치매 환자를 돌보는 노인 장기요양 보호 서비스를 시행하고 있지만, 가족이 부양하던 것을 대신하기에는 많은 부족함과 문제점들을 안고 있다.

　앞으로 점차 증가하는 치매 환자와 그의 가족들을 위해서 가정과 지역사회 내에서의 적절한 진단과 예방, 치료, 재활을 위한 서비스를 이용할 수 있도록 치매 환자를 위한 국가 주도의 재가서비스, 치매 전문 요양시설 등의 보호서비스 확충과 치매 환자 부양가족을 위한 복지서비스를 체계적으로 도입해야 하는 정책 개발의 필요성이 절실히 요구된다.

궁금해요, 치매 증상

1. 인지기능 장애

인지기능이란 지식과 정보를 효율적으로 조작하는 능력을 말한다. 인지기능 장애는 뇌의 기능이 저하되어 나타나는 증상이다. 인지기능은 기억, 학습, 주의력, 언어, 문제 해결, 판단, 공간 지각, 실행 기능 등을 포함한다. 인지기능 장애는 치매, 뇌졸중, 외상성 뇌손상, 뇌종양, 뇌염, 신경퇴행성 질환, 갑상선 기능 저하증, 비타민 B12 결핍증, 알코올 중독, 약물 중독, 스트레스 등 다양한 원인으로 발생할 수 있다.

인지기능 장애는 일상생활에 많은 어려움을 초래할 수 있다. 기억력 장애로 인해 약속을 잊어버리거나, 학습 장애로 인해 새로운 일을 배우기 어려워하거나, 주의력 장애로 인해 집중력을 유지하기 어려워하거나, 언어 장애로 인해 의사소통이 어려울 수 있다. 또한, 문제 해결 장애, 판단 장애, 공간 지각 장애, 실행 기능 장애로 인해 일상생활의 여러 가지 활동을 수행하는 데 어려움을 겪을 수 있다.

치매에 걸리면 인지기능에 장애가 생기는데, 치매와 관련된 인지에는 지남력 · 집중력 · 지각력 · 기억력 · 판단력 · 언어력 · 시공간력 · 계산능력 등을 들 수 있다.

1) 기억력 장애

기억력이란 이전의 경험이나 자극을 머릿속에 저장했다가 떠올리는 능력을 말한다. 건강한 사람에게는 일상에서 얻어지는 인상을 머릿속에 저장하였다가 다시 기억과 회상을 하는 뇌의 활동의 반복이 끊임없이 이루어진다.

기억의 과정은 새로운 경험을 저장하는 작용, 기명된 내용이 망각되지 않도록 유지하는 작용, 유지하고 있는 사항을 회상할 수 있는 활동으로 이루어지는데, 이것을 기억의 3요소라 한다. 이때 기억은 전두엽의 대뇌피질에 저장되고, 해마는 기억 형성에 관여한다.

사람의 뇌는 20대를 중심으로 점차적으로 쇠퇴하여 나이가 들수록 뇌세포도 죽게 된다. 한번 파괴된 뇌세포는 다시 재생되기 어렵지만 다행히도 인간의 뇌세포는 우리가 상상할 수 없을 만큼 많아서 나이 변화에 따르는 뇌세포의 감소가 일상생활을 위협하지 않는다. 그러나 치매에 걸리게 되면 뇌기능에 손상을 입기 때문에 기억력에 장애가 생긴다.

알츠하이머병에 걸리는 경우, 기억을 입력하는 데 중요한 구실을

36

웃음으로 치매를 예방하라

하는 해마가 손상된다. 그래서 치매 환자는 기억 정보가 잘 입력되지 못하여, 최근에 있었던 일을 기억하지 못하는 특징을 보인다. 치매 환자에게 가장 흔하게 나타나는 증상이 기억력 장애다. 기억력 장애는 알츠하이머병뿐 아니라 모든 치매에서 공통적으로 나타날 수 있는 증상으로 초기에는 단지 기억력의 감퇴가 주로 나타나며, 점차 장기 기억력도 상실하게 된다.

① 단기 기억

단기 기억은 경험한 것을 수초 동안만 기억하게 되는 즉각적인 기억을 말한다. 즉, 기억의 보유 시간이 아주 짧은 시간만을 기억하는 것을 단기 기억이라 한다. 단기 기억은 비교적 불안정하며, 두부에 외상을 입거나 전기충격 등으로 의식이 상실되거나, 치매에 걸릴 경우 쉽게 소실된다.

단기 기억 상실은 주로 치매 초기에 나타나는 특징이며, 최근에 일어난 사건에 대한 단기 기억의 상실이 장기 기억의 상실에 비해 두드러지게 나타난다. 단기 기억에 문제가 생기면 금방 들은 전화번호나 사람의 이름이 기억나지 않으며, 대화 중에 중요하게 기억해야 할 것을 금방 잊어버리게 되고, 자신이 지금 바로 해야 되는 일 등이 기억나지 않게 된다. 단기 기억력이 떨어지면 현재 자신이 하던 일이 무엇인지를 몰라서 난처한 경우가 생기게 된다.

예를 들면 물을 사용하다 그대로 틀어 놓는다거나, 다리미로 옷을 다리다가 그대로 두거나, 전기장판이나 가스 불을 끄지 않은 채 그대로 내버려 두어 화재의 위험에 노출되기도 한다. 치매 환자의 경

37

우, 본인이 기억나지 않는다는 것을 인정하고 싶지 않아 하기 때문에 기억을 보충하기 위하여 거짓말을 만들어 말하는 작화증이 나타나기도 한다.

② 장기 기억

장기 기억은 용량에 제한이 없고 경험한 것을 수개월에서 길게는 평생 동안 의식 속에 보존되는 기억을 말한다. 기억이 장기 기억으로 저장되기 위해서는 부호화 · 공고화 · 저장 · 인출이라는 4단계가 필요하다. 치매의 진행이 오래되어 심해지면, 비교적 잘 유지해 왔던 장기 기억에도 문제가 생긴다.

장기 기억에 문제가 생기면 의사소통에서 똑같은 말을 반복하거나 더듬고 익숙한 장소에서도 방향감각을 잃어버리고, 친구와의 약속, 약 먹는 시간, 친구나 심하면 가족의 이름이나 전화번호 등을 잊어버리기도 한다. 장기 기억이 지속적으로 손실될 경우 본인의 생일이나 이름도 기억하지 못하거나, 계속 방치하게 되면 가족의 얼굴이나 친구의 얼굴조차 잊어버리게 된다. 장기 기억이 사라지면 본인은 모르지만 자신이 사랑하는 가족이나 지인들을 슬프게 만든다.

2) 지남력과 장애

지남력이란 시간과 장소, 사람, 상황이나 환경 따위를 올바로 인식하는 능력을 말한다. 치매에 걸리면 치매 초기에는 시간 · 장소 · 사람을 측정하는 능력이 떨어지게 된다. 치매에 걸리면 시간에 대한 인식, 장소에 대한 인식, 사람에 대한 인식 순으로 지남력이 저하된다.

시간에 대한 인식은 치매가 시작되면 환자가 지금이 몇 년도인지, 몇 월인지, 무슨 요일인지의 날짜 구분이 어려우며 혹은 지금이 무슨 계절인지, 몇 시인지를 구분하는 능력이 사라지게 된다. 그리고 자신이 어디에 있는지, 어디로 가야 하는지, 주소가 어떻게 되는지와 같이 장소를 인식하는 능력이 떨어진다. 그리고 본인이나 타인의 이름이나 전화번호와 어떤 일을 했는지 같은 사람에 대한 인식 능력이 떨어지게 된다.

3) 시공간력 장애

사물의 크기, 공간적 성격을 인지하는 능력을 말한다. 치매에 걸리면 시공간을 인식하는 능력에 장애가 생겨 익숙한 거리에서 길을 잃거나, 집을 찾지 못하고 길을 잃어버리게 된다. 심하게는 집 안에서 방이나 화장실 등을 찾아가지 못하는 증상으로까지 발전할 수 있다. 또한 이는 자동차를 운전하는 경우는 목적지를 제대로 찾아갈 수 없는 상황을 초래하기도 한다.

4) 계산 능력 저하

물건 또는 값의 크기를 비교하거나 주어진 수나 식(式)을 연산의 법칙에 따라 처리하여 수치를 구하는 능력을 말한다. 치매에 걸리면 계산 능력이 떨어져 간단한 더하기나 빼기 등의 계산을 잘못하거나, 물건을 사고 화폐의 가치를 계산하는 데 어려움을 느끼는 증상이 나타난다. 계산 능력이 저하되면 일상생활에서 수에 관련된 일에 어려움을 겪게 된다.

5) 시지각 기능 저하

시각을 통해 수용한 시각적 자극을 정확하게 인지하는 능력만이 아니라 외부 환경으로부터 들어온 시각 자극을 선행 경험과 연결하여 인식·변별·해석하는 두뇌 활동을 말한다. 치매에 걸리면 시지각 기능이 저하되어 사물의 형태·모양·색깔을 잘 구별하지 못하는 증상들이 나타난다.

6) 판단력 장애

사물을 올바르게 인식·평가하는 사고 능력을 말한다. 치매에 걸리면 무엇을 결정할 때 시간이 걸리거나 잘못 결정하는 장애가 생긴다. 판단력에 장애가 생기면 사물을 인지하지 못하거나 의미를 파악하지 못하며, 사물의 모양이나 색깔은 파악할 수 있지만 그 사물이 무엇이며 용도가 무엇인지를 모르게 된다.

치매 환자가 이 증상을 보이게 되면 직장에서뿐만 아니라 가정에서도 뚜렷한 이상이 있는 것으로 인식된다. 판단력이 흐려지면 자신이 무엇을 해야 할지 결정을 내리지 못하거나, 돈 관리를 제대로 하지 못하며, 필요 없는 물건을 구입하기도 하고, 결정해야 할 사항에 대해서도 판단을 잘 내리지 못하게 된다.

7) 집중력 저하

어떤 일을 할 때 상관없는 주변 소음이나 자극에 방해받지 않고 그 일에만 몰두하는 능력을 말한다. 집중력은 환경과 감각으로부터 얻어진 정보를 통해 결정을 내리는 것을 돕는데, 치매에 걸리면 집

웃음으로 치매를 예방하라

중력이 떨어지는 증상이 나타난다.

8) 실행능력 장애

감각 및 운동기관이 온전한데도 불구하고 해야 할 행동을 실행하지 못하는 것을 일컫는다. 신발을 신을 때 운동화 끈을 제대로 매지 못하거나, 식구 수대로 식탁을 차리는 일에 어려움을 느끼게 되거나, 옷을 입는 단순한 일에서조차 장애가 나타나게 된다.

2. 언어적 장애

언어는 자신의 생각이나 감정을 표현하고, 다른 사람의 말을 이해하여 의사소통하기 위한 문자 따위의 수단을 말한다. 치매 환자 중에는 기억이나 지능에 현저한 장애가 나타나서 회화로 사고를 전달하는 데 곤란을 겪는 경우가 많다. 치매에 걸리면 단어가 금방 떠오르지 않아 말이 자연스럽지 않으며, 끊기는 언어 장애가 생긴다.

그러나 치매 환자가 생각하고 있는 모든 것을 말로는 전할 수 없어도 한정된 회화나 태도 등의 방법으로 의사소통을 시도할 수는 있다. 치매 환자에 따라서는 심하면 일상생활에 필요한 말을 제대로 의사표현하지 못하는 정도의 사람이 있는가 하면, 오래되고 친숙한 사람의 이름이나 물품의 이름 정도는 말할 수 있는 사람도 있다.

언어 장애는 기억력의 감퇴와 마찬가지로 치매 초기에는 언어장애가 경미하게 나타나나, 치매가 더욱 진행될수록 점차 말수가 현저히 줄어들어 완전히 말문을 닫아 버리고 마침내 전혀 말이 없어져 버린다. 치매 환자가 말을 하지 않는다고 해서 가족이나 간병인이 말을 안 하게 되면 더욱 빨리 언어 사용 능력이 떨어진다. 따라서 치매 환자와의 적절한 의사소통기법을 습득해 두는 것이 중요하다.

3. 신체적 장애

치매에 걸리면 나타나는 신체적인 특성은 치매 초기에는 가벼운 두통과 현기증이 나타나기 때문에 치매인지 모르고 지나가는 경우가 많다. 그리고 나머지 신체적인 증상들은 비교적 치매 후기에 나타난다. 치매가 진행됨에 따라 신체적으로 나타나는 증상을 보면 근위축 등으로 치매 환자들은 신체적 움직임이 점차로 줄어들고, 보행이 불안정해지며, 식사와 착의, 세면, 개인위생이 어려워지고, 배뇨 및 배변 등에 이르기까지 장애가 나타난다.

또한 신체적 질병에 대한 저항력이 떨어져 합병증을 일으키는 경우가 많으며 치매 환자의 대다수가 고령이므로 고혈압과 뇌졸중, 심장질환, 신경통, 피부질환, 호흡기질환, 관절염, 마비 등의 병에 걸리는 경우가 많다. 치매 환자의 신체적 증상은 환자의 신체 자체에 여러 가지 질환이 나타나기도 하지만, 그로 인한 이차적인 합병증이 유발되거나, 신체 기능 저하로 인한 일상생활의 어려움으로 나타나기도 한다.

4. 정서적 장애

정서란 사람의 마음에 일어나는 여러 가지 감정을 말하며, 치매에 걸리게 되면 정서적인 장애가 나타난다. 치매로 인하여 나타는 정서적인 장애는 다음과 같다.

1) 인격 변화

치매에 걸리게 되어 후기로 갈수록 인격의 변화가 생긴다. 인격이 변화되면 환자가 본래 가지고 있던 성격이 내성적으로 바뀌게 된다. 치매 환자의 인격 변화는 환자의 가족들을 가장 괴롭히는 양상이다. 편집증적인 망상을 가지고 있는 치매 환자는 전반적으로 가족들과 간호하는 사람에게 적대적으로 변하는 경우가 많다.

2) 성격 변화

치매에 걸리면 점차 세상일에 대해서 무관심해지고, 특히 다른 사람과의 만남을 꺼린다. 다른 사람과 만나도 그 사람의 욕구에 전혀 관심이 없어진다. 그리고 자신의 행동이 다른 사람에게 미치는 영향에 대해 개의치 않고, 고집이 세져 남의 말을 듣지 않고 자신이 하고 싶은 행동을 하게 된다. 치매에 걸려 오래 지날수록 모든 것을 자기중심적으로 생각하고, 이기적이 되어 간다. 활동적이던 사람도 치매에 걸리면 수동적이 되고 냉담해진다.

3) 외모에 대한 무관심

치매에 걸리면 점차 자신의 외모에 관심이 없어져, 몸을 깨끗이 하려 하지 않는다. 특히 깔끔하던 사람도 위생관념이 없어져 지저분하게 보이고, 모든 활동에 흥미와 의욕이 없어지는 등 우울증이 심해진다.

4) 정신 장애

치매에 걸리면 자신도 모르게 불안해지고, 초조해지고, 우울증이 심해진다. 또한 심한 감정의 굴곡이 생기며, 감정이 실종되거나, 감동적인 일에도 무감동하는 일이 생긴다. 그리고 환청 · 환시 · 환촉 같은 감각기능의 장애가 발생하며, 피해망상증이 흔히 발생하기도 한다. 이로 인해 공격적 행동이 나타나 자해하거나 타인에게 위해를 끼친다.

5) 기타

치매에 걸리면 점차 소유 개념을 잃어 자신의 물건이 무엇인지를 모르게 된다. 그리고 염치를 모르게 되고, 다른 치매 환자에 대한 부정적인 생각을 전혀 인식하지 못하게 된다.

5. 행동 장애

치매가 심해질수록 치매 환자에게는 행동 장애가 나타나게 된다.

치매가 심해지면 보호자만 찾아다니면서 졸졸 따라다닌다든지, 혼자서 무작정 집을 나가 사라진다든지, 특별한 목적 없이 계속 왔다 갔다 배회하는 증상이 나타난다. 행동 장애가 나타나면 치매 환자는 심하게 초조한 모습을 보이면서, 때때로 보호자나 다른 사람에게 화를 내거가 폭력적인 행동을 하기도 한다. 그리고 가족이나 간호인에게 계속 의미 없는 질문을 반복해서 묻거나, 지속적으로 뭔가 불만을 드러내기도 한다.

치매가 진행될수록 신체적인 기능이 떨어져 넘어지거나 부딪혀 신체적 장애를 입을 수 있다. 심하면 자신의 몸에 자해를 하거나, 더 큰 문제는 치매 환자를 돌보는 가족이나 보호자를 대상으로 공격적인 행동을 하여 타인에게 피해를 입히는 사고가 생길 수 있다는 점이다. 특히 보호자들 입장에서는 이에 대한 사전지식이 없을 경우, 환자가 의도적으로 자기를 힘들게 하기 위해 그런다고 생각해 더욱 힘들어질 수 있다.

치매의 원인과 형태

1. 알츠하이머 질환

알츠하이머 질환은 가장 흔한 치매 질환으로, 뇌 세포의 손상과 기능 저하로 인한 기억력, 사고력, 인지능력 저하를 일으키는 질환이다.

알츠하이머형 치매는 1907년 알로이스 알츠하이머가 질환의 뇌병리 소견을 처음 학계에 보고하였기에 그의 이름을 따서 알츠하이머 질환(AD: Alzheimer's Disease)이라고 명명하였다. 알츠하이머 질환은 치매 환자 중 약 3분의 2를 차지하기 때문에 노인성 치매라고 부르기도 한다. 알츠하이머 질환은 흔히 나이가 들면서 서서히 인지 기능과 일상생활 능력을 저하시킨 후 죽음에 이르게 하는 대표적인 퇴행성 신경정신계 질환이다.

정신과 의사인 알츠하이머는 수년간 진행성 치매로 사망한 여자의 뇌를 해부해 본 결과 육안으로 봐도 나이에 비해 뇌가 눈에 띄게 수축되어 있었으며, 조직검사를 해 보니 뇌신경 섬유가 엉켜진 것과 반사점을 발견하였다. 이후 알츠하이머는 인지기능의 저하가 뚜렷한 환자를 부검해 뇌 조직을 볼 때마다 이와 유사한 소견을 발견할 수 있었다.

그는 치매에 걸린 사람들이 지적 능력을 유지하는 데 중요한 뇌부위에 있던 신경세포들이 많이 없어진 것과 이러한 뇌신경세포 사이에서 오가는 아주 복잡한 신호들을 서로 전달해 주는 데 필요한 어떤 특정 화학물질의 양이 많이 떨어져 있음을 발견하였다. 그리고 치매가 매우 서서히 발병하여 점진적으로 진행되는 경과가 특징적이라는 것을 발견하였다.

알츠하이머 질환의 정확한 원인은 아직 밝혀지지 않았으나, 연령, 유전, 환경 요인 등 복합적인 원인이 작용한다고 추정된다. 또한 뇌의 아밀로이드 베타와 타우 단백질의 축적이 알츠하이머 질환의 주요 원인으로 지목되고 있다.

알츠하이머형 치매는 주로 65세 이후에 많이 나타나지만, 드물게 40~50대에서도 발생한다. 발병 연령에 따라 65세 미만에서 발병한 경우를 조발성(초로기) 알츠하이머병, 65세 이상에서 발병한 경우 만발성(노년기) 알츠하이머병으로 구분할 수 있다. 알츠하이머 질환의 첫 번째 증상으로는 아주 가벼운 건망증이 나타나며, 초기에는 두통 · 현기증 · 우울증 등 정신 증상으로 시작되는 경우가 많다.

이것이 점차 진행되면 고도의 기억력이 감퇴, 공간과 시간의 지남력 상실, 언어 구사력, 이해력, 읽고 쓰기 능력 등의 장애를 동반하게 된다. 그리고 이 시기를 지나면 경련 발작이나 보행 장애가 나타난다. 그 이후에 질환에 걸린 환자는 불안해하고 매우 공격적이 될 수도 있으며, 집을 나와 길을 잃고 거리를 방황할 수도 있다.

알츠하이머 질환은 현재 근본적인 치료법이 없지만, 콜린에스터라제 억제제와 NMDA 수용체 길항제 등을 사용하여 인지기능 저하를 막고 인지훈련, 생활습관 및 환경 조정, 가족 및 보호자 교육을 통해 효과를 볼 수 있다.

2. 혈관성 치매

혈관성 치매는 치매 중에서 두 번째로 많이 나타나며, 치매 환자의 20% 정도를 차지한다. 혈관성 치매는 다른 퇴행성 질환과 달리 고혈압과 뇌동맥 경화증, 당뇨병 등에 의한 뇌혈관 장애로부터 이차적으로 뇌세포에 변성을 일으키는 것을 말하며 다발성 뇌경색이라고도 한다.

혈관성 치매는 원인에 따라 여러 가지로 분류할 수 있다. 뇌에 피를 공급하는 뇌혈관들이 막히거나 좁아진 것이 원인이 되어 나타나거나, 반복되는 뇌졸중(중풍 또는 풍)에 의해서도 나타날 수 있는데, 뇌 안으로 흐르는 혈액의 양이 줄거나 막혀 발생된다. 뇌졸중은 뇌혈관이 막히거나 터져서 그 혈관에 의해 혈액공급을 받는 뇌 조직이 기능을 하지 못하여서 갑자기 나타나는 것이 특징이다. 뇌졸중에 걸린 사람들 중에 4분의 1 이상이 혈관성 치매에 걸리는 것으로 나타났으며, 한국인의 3대 사망 원인 중 하나다.

혈관성 치매는 서서히 조금씩 진행되는 알츠하이머병 치매와는 달리 갑자기 치매 현상을 보이거나 상당 기간에 걸쳐 호전과 악화의 경과를 보인다. 혈관성 치매에 걸리게 되는 경우는 과거에 뇌졸중의 경력이 있거나, 국소적인 신경학적 이상 소견을 가지는 것이 보통이다. 혈관성 치매의 초기 증상은 두통, 현기증, 상하지의 무력감, 몸이 저리고 피로하기 쉬우며 집중 곤란 등의 신경쇠약 증상으로 시작되는 경우가 많다.

그리고 인지능력이나 정신능력이 조금 나빠졌다가 그 수준을 유지하고 또 갑자기 조금 나빠졌다가 유지되고 하는 식의 단계적 악화의 양상을 보인다. 점차 신체적으로는 팔다리 등에 마비가 오거나 언어 장애나 구동 장애 또는 시야 장애 등도 흔하게 나타난다. 인격 변화는 비교적 초기에서부터 볼 수 있으며 원래의 성격이 첨예화되는 경우가 많다.

혈관성 치매는 일단 발생하면 완치될 수 없으나, 초기에 자기공명영상장치(MRI)를 통해 발견할 수 있으며, 적절한 치료를 받으면 더 이상의 악화는 막을 수 있다. 따라서 혈관성 치매는 기초 질환의 치료와 예방에 의해 그 증상을 막거나 또한 지연시키는 것도 가능하므로 성인기부터 정기적인 검진에 적극 참여하여 적절한 조치를 받는 것이 치매 예방에 있어 중요하다.

3. 루이소체병

루이소체병으로 인한 치매는 흔한 질환이지만 의외로 한국에선 잘 알려져 있지 않다. 루이소체병은 치매의 20% 정도를 차지한다고 한다. 하지만 우리나라에서 루이소체 치매 환자의 수가 얼마나 되는지는 지금껏 제대로 파악조차 되지 않은 실정이다. 루이소체병의 증상으로 의식 및 인지기능의 심한 기복, 환시, 피해망상과 수면장애(꿈을 꾸다가 소리를 지르거나 꿈을 꾸면서 꿈의 내용대로 움직이는 증상)를 들 수 있다.

루이소체병에 걸리면 알츠하이머 치매에서 보이는 기억력 장애, 공간 감각 저하, 사물 인식능력 저하 등과 같은 인지 장애 증상이 보인다. 그리고 파킨슨병에서 보이는 증상인 느린 동작, 손 떨림, 몸이 뻣뻣해지는 증상, 보행 및 균형 장애가 동시에 수반되는 특이 질환이다. 루이소체병에 걸리면 알츠하이머 치매나 파킨슨병의 증상이 나타나기 때문에 적절한 진단을 내리기가 어려운 경우가 많다. 그러다 보니 잘못된 진단이 내려지기도 한다.

4. 파킨슨병

파킨슨병은 도파민 신경세포의 소실로 인해 발생하는 신경계의 만성 진행성 퇴행성 질환을 말한다. 파킨슨병에 걸리면 뇌 질환의 하나로 뇌에 있는 도파민을 전달하는 신경세포가 점차 소실되어 치매에 걸리게 된다. 도파민을 전달하는 신경세포가 점차 소실되면 도파민이 부족해져 신체의 떨림, 경직, 느린 움직임, 자세 불안정성 등 운동신경이 원활하게 작동하지 못하는 운동 신경 장애가 생긴다.

파킨슨병 환자는 60세 이상에서 인구의 약 1% 정도로 추정된다. 파킨슨병에 걸린 환자들 중 30~40% 정도는 파킨슨병의 말기에 치매의 증상을 나타낸다. 초기에는 몸과 팔, 다리가 굳고 동작이 둔함을 느끼게 된다. 그리고 가만히 있을 때 손이 떨리며, 말이 어눌해지고, 보폭이 줄고, 걸음걸이가 느려지는 등의 현상이 나타나다 누적되어 치매로 발전되는 경우가 있다. 반대로 알츠하이머병 환자의 일부는 병이 진행되면서 파킨슨병의 증상을 보일 수도 있다.

파킨슨병에 의한 치매는 약물을 복용함으로써 운동장애 기능을 완화하여 줄 수 있지만 부작용 현상으로 망상, 환각, 일시적인 혼란 상태 또는 비정상적인 움직임이 나타날 수 있다.

5. 피크병

피크병은 체코의 정신의학자 아놀드 피크(Arnold Pick)가 발견해 그의 이름을 따서 지은 것으로, 치매의 일종이다. 피크병은 알츠하이머, 루이소체병, 혈관성 치매에 이어 네 번째로 많이 발견되고 있다. 피크병은 뇌의 앞, 옆 부분이 위축돼 발생된다고 알려져 있으나 위축의 원인은 아직 명확하게 밝혀지지 않았다.

피크병은 노인층이 아니라 젊은 층에서도 많이 발견된다. 여성보다는 남성에게서 많이 발병되는 양상을 보이며, 우울증으로 오진하기 쉽다. 피크병의 증상은 뇌의 전두엽이나 측두엽이 손상되어 처음에는 언어상의 장애가 오며, 점차 행동 장애, 인격 장애 그리고 결국은 기억 장애가 나타나는 비교적 드문 뇌 질환이다. 피크병은 갈수록 증상이 심해져 결국은 이상행동 및 치매를 유발하게 된다.

예를 들어 주변 상황을 배려하지 않는 지나친 행동을 하거나, 갑자기 물건을 훔치는 등의 행동을 하고도 기억을 하지 못하는 증상을 보인다. 또한 단기 기억만 할 수 있고, 같은 음식을 자꾸 먹으려 하거나, 했던 말을 자꾸 반복하는 모습을 보이기도 한다. 피크병은 매우 이상한 행동양식을 보이기 때문에 종종 정신과 의사에 의해서 발견되기도 한다. 알츠하이머병과 같이 부검에 의해서만 확진할 수 있다.

6. 크로이츠펠트 야콥병

크로이츠펠트 야콥병은 신경 및 신경근육계 이상이 빠르게 진행되는 대단히 희귀한 퇴행성 뇌질환이다. 크로이츠펠트야콥 병은 프라이온(prion)단백질이라 불리는 물질에 의하여 발생하는 것으로 알려져 있다. 프라이온단백질은 핵산을 포함하지 않은 단백질로 구성된 감염 물질이다. 크로이츠펠트 야콥병은 가족성, 감염성, 산발성 형태 모두 프리온 가설로 설명된다. 다른 치매는 주로 노인층에 나타나지만 크로이츠펠트 야콥병은 청년층과 장년층에서 나타난다.

크로이츠펠트 야콥병의 증상은 초기에는 기억력 장애가 나타나

웃음으로 치매를 예방하라

고, 혼돈, 우울증, 행동 변화, 시력 장애, 조화 능력의 장애가 나타난다. 이후 의식장애와 근육의 간 대성 근 경련 또는 팔다리에 허약감, 또는 앞이 잘 안 보이는 등의 시각 증상으로 시작해서 매우 빠르게 진행된다. 크로이츠펠트 야콥병에 걸리면 대략 10년이 지나야 질병이 발병하는 것처럼 보이나, 일부 사례에서 잠복기가 30년 이상 연장되기도 한다. 결국은 혼수상태에 이르게 된다.

7. 헌팅턴병

헌팅턴병은 뇌의 특정 부위의 신경 세포들이 선택적으로 파괴되어 가는 진행성 퇴행성 뇌 질환을 말한다. 헌팅턴병은 4번 염색체의 '헌팅틴(Huntingtin)'으로 알려진 유전자의 돌연변이에 의해 발병되는 유전 질환이다. 헌팅턴병은 근육간이 조정능력의 상실과 인지능력 저하 및 정신적인 문제가 동반되는 진행성의 신경계 퇴행성 질환이다.

헌팅턴병에 걸리면 10~25년 또는 그 이상의 경과를 밟으며, 폐렴이나 기타 감염, 낙상으로 인한 손상 등 생명을 위협하는 합병증이 동반되기도 한다. 헌팅턴병은 사람의 몸과 마음에 모두 침범하여 사람을 힘들게 한다.

헌팅턴병에 걸리면 초기에는 손·발·얼굴·몸통에 있는 각 부분이 내 의지와 관계없이 스스로 움직이며, 무의식적으로 몸을 비트는 듯한 비교적 느린 움직임이 나타난다. 병이 진행됨에 따라서 인격과

지적 능력이 점차 떨어지고 기억력, 언어 능력, 판단력 등도 점차 감소하게 된다. 치매는 이 병의 말기에 나타난다. 노인들에게서는 얼굴이나 팔 등이 저절로 움직여지는 무도증 등으로 나타나거나 정신질환으로 나타날 수도 있다.

8. 기타

술을 많이 먹어서 생기는 알코올 중독으로 인해 생기는 치매를 알코올성 치매라고 한다. 알코올성 치매는 술을 지속해서 많이 마시면 비타민 B1을 섭취하는 것도 예방에 도움이 되며 치매 증상을 호전시킬 수 있다. 이외에도 외부 원인에 의한 뇌손상, 대사성 뇌 질환, 갑상선 질환, 영양결핍증, 우울증, 후천성면역결핍증(HIV) 감염에 의해 치매가 생긴다.

웃음으로 치매를 예방하라

치매,
어떻게 진단할까?

치매를 예방하는 웃음 테라피

치매 선별 검사

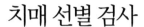

1. 검사 개요

치매 선별 검사(IDST; I−World Dementia Screening Test)는 아이월드교육연구소에서 개발한 검사지로, 치매가 의심되는 대상자를 선별할 때 사용한다. 치매의 정도를 밝혀내고 측정하는 것을 목적으로 만든 검사지다.

2. 문항 분석

- 검사지는 총 30문항으로 구성되어 있다.
- 1번 문항부터 6번 문항까지는 지남력을 묻는 문항이다.

- 7번 문항부터 11번 문항까지는 행동능력을 묻는 문항이다.

- 12번 문항부터 14번 문항까지는 행동능력을 묻는 문항이다.

- 15번부터 18번 문항까지는 계산력을 묻는 문항이다.

- 19번 문항부터 22번 문항까지는 시공간력을 묻는 문항이다.

- 23번 문항부터 26번 문항까지는 지각력을 묻는 문항이다.

- 27번 문항부터 30번 문항까지는 판단력을 묻는 문항이다.

3. 검사 시작 전 주의 사항

- 치매 선별 검사는 반드시 일대일로 진행해야 하며, 검사자가 피검사자에게 직접 문제를 읽어 주면서 한 문제씩 검사에 피검사자가 글을 쓰지 못할 경우에는 답을 말로 하거나, 글을 쓸 줄 알면 적는 방식으로 진행해야 한다.

- 검사를 효과적으로 하기 위해서는 먼저 검사를 시작하면서 '치매 검사'라고 말하지 말고 "지금부터 ○○○님의 인지능력을 알아보기 위해 몇 가지 질문을 드리겠습니다. 질문 중 몇 가지는 쉽지만 몇 가지는 어려울 수도 있습니다."라고 말해야 부정적인 생각을 갖지 않고 검사에 임할 수 있게 된다.

- 한 문항당 배점은 1점임을 알려 주고, 피검사자가 답변을 "모른다."라고 대답한 경우 틀렸다고 채점하지 말고 응답을 할 수 있도록 요구해야 한다.

- 검사를 하는 동안 검사자는 피검사자가 스트레스 없이 검사를

마칠 수 있도록 격려하고, 잘 마치지 못할 경우 적절히 위로해 주어야 한다. 또한 문제에 대한 답을 정확히 했을 때는 긍정적인 피드백을 해 주어야 문제 해결에 도움이 된다.

- 검사 시간은 30분이며, 문항당 1분 정도를 배정한다. 피검사자의 진도가 빠르면 일찍 끝낼 수 있으나, 피검사자가 집중이 잘 되지 않아서 시간이 지체되어도 30분 안에는 끝내야 한다.

- 각 문항에 대해 응답하면 1점, 응답하지 못하면 0점을 부여하며 총점은 30점이다.

- 검사지를 판정할 때는 정답 여부를 알려 줘서는 안 되며 채점된 점수는 피검사자가 볼 수 없도록 해야 한다.

4. 검사 진행 요령

문항 1. 올해는 몇 년도입니까?

- 대답 못하는 노인이 있다면 경도인지장애나 우울증을 의심해야 한다는 국내 연구 결과가 나왔다. 지역사회에 거주하는 70~84세 노인 중 8.6%는 올해가 몇 년인지 대답하지 못했다. 특히 대답을 하지 못한 노인 가운데 약 67%는 경도인지장애나 우울증을 갖고 있다는 연구 결과가 나왔다. 경도인지장애는 건망증보다는 심하지만 치매보다는 정도가 약한 상태를 말한다. 흔히 치매 전단계로도 알려져 있고 우울증도 치매를 일으키는 주요한 요인으로 꼽힌다(국제학술지 국제 환경연구 및 공중보건채널).

문항 2. 지금은 무슨 계절입니까?

- 답하기가 어렵기 때문에 계절에 대한 기간을 알려 준다. 봄은 3월·4월·5월, 여름은 6월·7월·8월, 가을은 9월·10월·11월, 겨울은 12월·1월·2월로 계절에 대한 기간을 알려 준다.
- 앞으로 올 계절 또는 지나간 계절을 +−2 구간으로 대답해도 정답으로 한다.

문항 3. 현직 대통령의 이름은 무엇인가요?

- 현직 대통령의 이름을 말하거나 적도록 한다.

문항 4. 나와 가장 친한 친구의 이름은 무엇인가요?

- 친구의 이름을 말하거나 적어 보도록 한다.

문항 5. 내가 사는 곳은 어디입니까?(○○시 ○○구)

- 피검사자가 사는 곳의 시/구의 명칭을 적도록 한다. 구가 있는 경우에는 구까지 적도록 한다. 예를 들어 '안양시 만안구'에 산다면 '안양시 만안구'로 말하거나 적도록 한다.

문항 6. 내가 사는 곳은 동/읍/면입니까?

- 피검사자가 사는 곳의 동/읍/면의 명칭을 적도록 한다. 예를 들어 '석수동'에 산다면 '석수동'으로 적거나 답하게 한다.

문항 7. 검사자가 말한 물건은 무엇인가요?

• 검사자는 "피검사자에게 제가 말한 것을 기억해서 검사지에 적어 보세요."라고 말하고, 단어 세 개를 말해 본다. 그리고 난 후 생각 나는 단어를 적어 보라고 한다.

문항 8. 오늘은 무엇을 했나요?

• 오늘 한 일을 적도록 한다. 특별히 한 일이 없으면 일상적인 일이라 도 말하거나 적어 보도록 한다.

• 오늘 했던 일이 여러 가지라면 그중에서 가장 기억에 남는 일을 말 하거나 적도록 한다.

• 한 일은 짧게 "운동", "복지관에서 식사", "청소"와 같이 간단하게 말하거나 적어도 된다.

문항 9. 아침에 식사로 무엇을 먹었나요?

• 오늘 아침식사로 무엇을 먹었는지 말하거나 적도록 한다.

• '밥', '국수', ' 빵', '죽' 또는 '된장국', '불고기' 등 음식을 말하거나 적 어도 된다.

문항 10. 물건을 어디에 두었는지 자주 잊어버리나요?

• 요즘 내가 사용하던 물건을 어디에 두었는지 통 기억이 잘 나지 않 으면 '⓪'을 선택하게 하고, 기억이 잘 나면 '①'을 선택하게 한다.

• ①을 선택하거나 어디에 두었는지 자주 생각이 나면 1점, ⓪을 선 택하거나 자주 잊어버리면 0점으로 한다.

문항 11. 조금 전에 검사자가 말한 물건은 무엇인가요?

- 검사자는 조금 전에 말한 세 가지 단어를 무엇이었는지 기억나는 것을 검사지에 말하거나 적어 보라고 한다.

문항 12. 왼손을 내밀어 보세요.

- 검사자가 지시한 행동을 따라 하게 함으로써 행동 능력을 알아보기 위한 문항이다.
- 왼손을 내밀면 1점, 그렇지 않으면 0점으로 한다.

문항 13. 주먹을 쥐어 보세요.

- 검사자가 지시한 행동을 따라하게 해서 행동 능력을 알아보는 문항이다.
- 주먹 쥐면 1점, 그렇지 않으면 0점으로 한다.

문항 14. 왼쪽 귀를 만져 보세요.

- 검사자가 지시한 행동을 따라 하게 해서 행동 능력을 알아보기 위한 문항이다.
- 왼쪽 귀를 만지면 1점, 그렇지 않으면 0점으로 한다.

문항 15. 100에서 8을 빼면 얼마인가요?

- 100-8을 묻는 문항이다.
- '92'라고 답하면 1점, 그렇지 않으면 0점으로 한다.

문항 16. 거기에서 5를 더하면 얼마인가요?

- 92+5를 묻는 문항이다.
- 피검사자가 계산을 잘 못해도 "92에서 5를 더하면 얼마입니까?"라는 힌트를 주지 않는다.
- '97'이라고 답하면 1점, 그렇지 않으면 0점으로 한다.

문항 17. 국수 1,000원짜리 5봉을 사려면 얼마의 돈이 필요한가요?

- 화폐의 가치를 계산하는 문항이다.
- '5,000원'이라고 답하면 1점, 그렇지 않으면 0점으로 한다.

문항 18. 20,000원으로 5,000원짜리 과자를 몇 개 살 수 있나요?

- 화폐의 가치를 계산하는 문항이다.
- '4개'이라고 답하면 1점, 그렇지 않으면 0점으로 한다.

문항 19. 카메라를 왼쪽으로 반 바퀴(90°) 돌리면 어떻게 되나요?

- 도형의 방향을 인식하는 문항이다.
- 카메라 도형을 왼쪽으로 반 바퀴 돌리면 카메라가 된다.

문항 20. 삼각형을 위에서 보면 어떻게 보이는지 그려 보세요.

- 도형을 위에서 본 것을 그려 보는 문항이다.
- △가 답이다.

문항 21. 차의 방향이 다른 것을 골라 보세요.

- 도형의 방향이 다른 것을 찾는 것으로 시공간력을 발휘하는 것을 알아보기 위한 문항이다.
- 자동차가 정답이 된다.

문항 22. 삼각형을 2개로 겹치게 그려 보세요.

- 도형의 형태나 크기를 구분하기 위해서 시공간력을 발휘하는 것을 알아보기 위한 문항이다.
- △△가 답이다.

문항 23. 식초를 먹으면 어떤 느낌이 듭니까?

- 식초를 먹었을 때 어떤 느낌이 드는지 미각을 알아보기 위한 문항이다.
- "시다"나 이와 비슷하게 답하면 정답이다.

문항 24. 참기름 냄새를 맡으면 어떤 느낌이 듭니까?

- 참기름의 냄새를 맡았을 때 어떤 느낌이 드는지 후각을 알아보기 위한 문항이다.
- "고소하다"나 이와 비슷하게 답하면 정답이다.

문항 25. 검사자가 보여 준 물건의 이름을 적어 보세요.

- 검사자가 보여 준 물건을 피검사자가 정확히 인식하는지 시각을 알아보기 위한 문항이다.

- 미리 준비한 '시계'를 보여 주고 "이것이 무엇인지 말하거나 적어 보세요."라고 한다.

문항 26. 검사자가 불러 준 문장을 똑같이 말해 보세요.

- 검사자가 문제를 풀기 전에 "지금부터 제가 하는 말에 귀를 기울였다가 똑같이 말하거나 적어 보세요. 한 번만 말씀드리겠습니다."라고 말한다.
- 검사자가 보통의 목소리로 "김사장 왕바지 핫바지"라고 불러 주고 답을 말하거나 적어 보게 한다.
- 한 번만 말해 준다.

문항 27. 뜨거운 주전자를 집을 때는 어떻게 해야 하나요?

- "화상의 위험이 있으니 행주를 사용해서 조심스럽게 잡아야 한다.", "행주를 이용해서 잡는다."로 답하면 맞는 것으로 하고, 이러한 내용이 들어가면 맞는 것으로 한다.

문항 28. 횡단보도로 찻길을 건널 때는 어떻게 해야 합니까?

- "차가 오는지 좌우 살펴보고 건너야 한다.", "파란불이 켜지면 건넌다."로 답하면 맞는 것으로 하고, 이러한 내용이 포함되면 맞는 것으로 한다.

문항 29. 길을 가는데 갑자기 비가 쏟아지면 어찌해야 하나요?

- "우산을 쓴다.", "비를 피한다."로 답하면 맞는 것으로 하고, 이러한 내용이 들어가면 맞는 것으로 한다.

문항 30. 집을 나올 때 켜져 있던 형광등은 어떻게 해야 합니까?

- "형광등을 끄고 나온다.", "전기를 절약해야 한다."로 답하면 맞는 것으로 하고, 이러한 내용이 들어가면 맞는 것으로 한다.
- 답한 것이 맞으면 1점, 그렇지 않으면 0점으로 한다.

5. 판정 기준

　총점은 성별, 연령, 교육 연수에 따라 아래와 같이 적용하는 기준이 다르다.

　총점이 기준 점수를 초과할 시는 인지적 정상으로 판정하며, 기준

∷ 치매 선별 검사 결과 판정 기준 ∷

연령	성별	교육 정도			
		0~3년	4~6년 (초졸)	7~12년 (중~고졸)	≥13년 (대학 이상)
60~69세	남	21점	23점	25점	36점
	여	20점	23점	25점	26점
70~74세	남	20점	23점	25점	26점
	여	19점	23점	25점	26점
75~79세	남	19점	22점	24점	25점
	여	18점	22점	24점	25점
≥80세	남	17점	21점	23점	24점
	여	16점	20점	22점	24점

2부 치매, 어떻게 진단할까?

점수 이하 시 인지 저하로 평가한다. 인지 저하로 판명된 경우에는
정밀한 검사를 위해서 병·의원에 의뢰하는 것이 좋다.

∷ 치매 선별 검사 결과 판정 결과 ∷

구분	내용
인지적 증상	총점이 판정 기준 점수를 초과한 것으로 치매 가능성이 낮다. 인지 기능이 비교적 잘 유지되고 있으며 치매 가능서이 낮다. 그러나 이후 기억력이나 기타 지적 능력이 지금보다 좀 더 나빠지는 느낌이 있다면 다시 검사를 받아 보도록 안내해야 한다.
인지 저하	총점이 판정 기준 점수 이하인 경우로, 치매 가능성이 높다. 인지 기능이 다른 어르신에 비해 저하되어 있으며 치매안심센터 또는 치매검진전문기관에서 정밀검진을 받아 보시는 것이 필요하다.

∷ 치매선별검사(IDST) ∷

성 명		출생 연도		성별	남/여	교육 일수	년
검사일		총점		판 정			

1. 올해는 몇 년도입니까?	0 1
2. 지금은 무슨 계절입니까?	0 1

3. 현직 대통령의 이름은 무엇인가요?	0 1
4. 나와 가장 친한 친구의 이름은 무엇인가요?	0 1
5. 내가 지금 살고 있는 곳은 어느 곳입니까? ① 서울특별시 ② 광역시 ③ 시 ④ 군	0 1
6. 내가 사는 곳은 어느 동/읍/면입니까?	0 1
7. 검사자가 말한 물건은 무엇인가요?	0 1
8. 오늘은 무엇을 했나요?	0 1
9. 아침에 식사로는 무엇을 먹었나요?	0 1
10. 물건을 어디에 두었는지 자주 잊어버리나요? ⓪ 네 ① 아니요	0 1
11. 조금 전에 검사자가 말한 물건은 무엇인가요?	0 1
12. 왼손을 내밀어 보세요.	0 1
13. 주먹을 쥐어 보세요.	0 1
14. 왼쪽 귀를 만져 보세요.	0 1

2부 치매, 어떻게 진단할까?

15. 100에서 8을 빼면 얼마인가요?	0	1
16. 거기에서 5를 더하면 얼마인가요?	0	1
17. 국수 1,000원짜리 5봉을 사려면 얼마의 돈이 필요한가요?	0	1
18. 20,000원으로 5,000원짜리 과자를 몇 개 살 수 있나요?	0	1
19. 카메라를 왼쪽으로 반 바퀴(90°) 돌리면 어떻게 되나요?	0	1
20. 삼각형을 위에서 보면 어떻게 보이는지 그려 보세요.	0	1
21. 차의 방향이 다른 것을 골라 보세요.	0	1
22. 삼각형 2개를 겹치게 그려 보세요.	0	1
23. 식초를 먹으면 어떤 느낌이 듭니까?	0	1
24. 참기름 냄새를 맡으면 어떤 느낌이 듭니까?	0	1
25. 검사자가 보여 준 물건의 이름을 말해 보세요.	0	1
26. 검사자가 불러 준 문장을 똑같이 말해 보세요.	0	1

웃음으로 치매를 예방하라

27. 뜨거운 주전자를 집을 때는 어떻게 해야 하나요?	0 1
28. 횡단보도로 찻길을 건널 때는 어떻게 해야 합니까?	0 1
29. 길을 가는데 갑자기 비가 오면 어찌해야 하나요?	0 1
30. 집을 나올 때 켜져 있던 형광등은 어떻게 해야 합니까?	0 1

2부 치매, 어떻게 진단할까?

우울증 검사

1. 검사 개요

우울증 검사(IDDT; I-World Depressive Disorder Test)는 국내의 아이월드교육연구소에서 개발한 검사지로 우울증의 진행 정도를 알아보기 위해 시행되며, 우울증이 의심되는 대상자를 선별할 때 사용한다.

우울증 검사는 자신이 가지고 있는 우울감의 상태를 객관적으로 평가해 보는 심리검사를 말한다.

우울증 검사를 하는 목적은 우울증의 원인을 찾아서 자존감을 높이기 위한 준거점을 찾기 위한 것이므로 되도록 객관적으로 평가해야 한다.

2. 문항 분석

- 검사지는 총 20문항으로 구성되어 있다.
- 문항은 자기 평가 문항으로, 문항에 대한 일반적인 자기의 느낌을 5단계로 체크하도록 되어 있다.
- 각 문항에 대해 평상시 자신의 느낌이나 태도를 '전혀 아니다'에서 '아주 그렇다'까지 자신을 잘 나타내는 정도를 5단계로 솔직하게 모든 문항에 체크해야 한다.
- 점수 환산은 '전혀 아니다'는 1점, '약간 그렇다'는 2점, '대체로 그렇다'는 3점, '그렇다'는 4점, '아주 그렇다'는 5점으로 계산하여 각 점수를 합쳐 총점을 계산한다.
- 검사 시간은 20분이다.

3. 해설

총점 결과에 따라 다음과 같이 해석되면 된다.

: : 우울증 검사 결과 분석 : :

구분	내용
85점 이상	우울증이 없으며 자존감이 아주 높은 편이다.
70~84점	우울증이 조금 있으며 긍정적인 생각을 갖도록 조언한다.

71

60~69점	우울증이 많으며 자존감을 높여 주어야 한다.
50~59점	우울증이 높은 편이어서 대인관계에 문제가 생길 수 있으므로 자존감을 높이도록 해야 한다.
49점 이하	우울증이 매우 높은 편이며, 자존감 향상 훈련이 필요하다.

:: 우울증 검사 결과 분석 ::

성 명		출생 연도		성별	남/여	교육 일수		년
검사일		총점		판 정				

번호	문항	점수				
		5	4	3	2	1
1	나는 사람이라고 생각한다.					
2	나는 좋은 성격을 가졌다고 생각한다.					
3	나는 다른 사람들과 잘 지낼 수가 있다.					
4	나는 가치가 높은 존재라고 생각한다.					
5	나의 성격은 긍정적이다.					
6	나는 내 자신에 대해 대체로 만족한다.					
7	나는 능력이 많다고 생각한다.					
8	나는 나를 사랑한다.					
9	나는 내가 무엇을 할지 정확히 알고 있다.					
10	나는 무엇을 하든 자신감이 있다.					
11	나는 내 자신의 의견과 생각을 확실히 표현한다.					

웃음으로 치매를 예방하라

12	나는 모든 것이 잘된다고 생각한다.					
13	나는 실수나 실패를 두려워하지 않는다.					
14	나는 도전하는 것을 좋아한다.					
15	나는 부족한 것이 별로 없다고 생각한다.					
16	나는 나를 스스로 칭찬하고 격려한다.					
17	나는 다른 사람들에게 존중받기를 원한다.					
18	나는 다른 사람들 앞에서도 당당하다.					
19	나는 다른 사람들을 배려한다.					
20	나는 다른 사람들을 인정한다.					

기억력 검사

1. 검사 개요

　기억력 검사(IMT; I-World Memory Test)는 국내의 아이월드교육연구소에서 개발한 검사지로 기억력의 정도를 알아보기 위한 검사로서 치매가 의심되는 대상자를 선별할 때 사용한다. 자신의 기억력 상태를 객관적으로 평가해 보는 심리검사로, 기억력의 정도로 치매의 진행 정도를 파악하기 위한 목적으로 실시한다.

2. 문항 분석

- 검사지는 총 20문항으로 구성되어 있다.

웃음으로 치매를 예방하라

- 1번 문항부터 12번 문항까지는 단기 기억을 묻는 문항이며, 11번 문항부터 20번 문항까지는 장기 기억을 묻는 문항이다.

3. 검사 시작 전 주의사항

- 기억력 검사는 반드시 일대일로 해야 하며, 검사자가 피검사자에게 직접 문제를 읽어 주면서 한 문제씩 진행한다. 글을 쓰지 못하는 피검사자는 말로 하고, 글을 쓸 줄 아는 피검사자는 적는 방식으로 진행한다.
- 효과적인 검사를 위해서는 먼저 검사를 시작하면서 "지금부터 ○○○님의 기억력을 알아보기 위해 몇 가지 질문을 드리겠습니다. 질문 중 몇 가지는 쉽지만 몇 가지는 어려울 수도 있습니다."라고 말해야 부정적인 생각을 갖지 않고 검사에 임할 수 있게 된다.
- 한 문항 당 배점은 1점임을 알려 주고, 피검사자가 답변을 "모른다."라고 대답한 경우 틀렸다고 채점하지 말고 응답을 할 수 있도록 요구해야 한다.
- 검사를 하는 동안 검사자는 피검사자가 스트레스 없이 검사를 마칠 수 있도록 격려하고, 잘 마치지 못할 경우 적절히 위로해 주어야 한다. 또한 문제에 대한 답을 정확히 했을 때는 긍정적인 피드백을 해 주어야 문제 해결에 도움이 된다.
- 검사 시간은 20분이며, 문항당 1분 정도를 배정한다. 피검사자

의 진도가 빠르면 일찍 끝낼 수 있으나, 피검사자가 잘 기억나지 않아서 시간이 지체되어도 20분 안에는 끝내야 한다.

- 각 문항에 대해 응답하면 1점, 응답하지 못하면 0점을 부여하며 총점은 20점이다.
- 검사지를 판정할 때는 채점된 점수는 피검사자가 볼 수 없도록 해야 한다.

4. 검사 진행 요령

문항 1. 최근에 만난 사람은 누구입니까?

- 최근에 만난 사람은 지금보다 이전에 만난 사람을 말한다.
- 배우자나 가족도 해당된다.
- 만난 사람이 있다면 그 사람의 호칭이나 이름을 말로 하거나 적도록 한다.
- 만난 사람을 기억해서 이름이나 호칭을 기억해 내면 1점, 만난 사람이 있는데도 기억해 내지 못하면 0점으로 한다.
- 이전에 만난 사람이 없다면 지금 만난 검사자로 해도 된다.

문항 2 그 사람과 나눈 대화는 무엇인가요?

- 최근에 만난 사람과 어떤 내용으로 이야기했는지 말로 하거나 적도록 한다.
- 대화 내용을 자세하게 적거나 아니면 '안부', '식사', '가족'과 같이

76

주제만 적어도 된다.

- 대화한 내용을 기억해 내면 1점, 기억해 내지 못하면 0점으로 한다.

문항 3. 어제는 무엇을 했나요?

- 어제 한 일을 적도록 한다. 특별이 한 일이 없으면 일상적인 일이라도 적도록 한다.
- 어제 한 일이 여러 가지라면 그중에서 가장 기억에 남는 일을 적도록 한다.
- 한 일은 '등산', '가족과 식사', '밭일'과 같이 간단하게 말로 하거나 적어도 된다.
- 어제 한 일을 기억해 내면 1점, 기억해 내지 못하면 0점으로 한다.

문항 4. 아침 식사는 무엇을 했나요?

- 오늘 아침은 무엇을 먹었는지 적도록 한다.
- '밥', '라면', '국수', '죽' 또는 '게장', '삼겹살' 등 특정 음식을 말로 하거나 적도록 한다.
- 아침에 먹은 것을 기억해 내면 1점, 기억해 내지 못하면 0점으로 한다.

문항 5. 어제는 몇 시에 잤나요?

- 어제 취침하기 위해서 몇 시에 잤는가를 말로 하거나 적도록 한다.
- 시간은 되도록 아라비아 숫자로 적도록 하며, 분은 안 적어도 된다.

2부 치매, 어떻게 진단할까?

- 잠잔 시간을 기억해 내면 1점, 기억해 내지 못하면 0점으로 한다.

문항 6~8. 검사자가 말한 세 가지 물건의 이름은 무엇인가요?

- 검사자는 피검사자에게 "지금부터 제가 말하는 세 가지 물건의 이름을 반드시 끝까지 들으시고, 세 가지 이름을 한꺼번에 따라 해 보세요."라고 하고 '시계', '장갑', '지팡이'라고 세 단어를 한꺼번에 불러 주고 따라 하도록 한다.
- 피검사자가 '시계'하면 '시계'하고 단어 하나하나를 따라 하는 경우가 많은데, 반드시 '끝까지 듣고' 부분을 강조한다.
- 점수 계산을 할 때는 첫 응답으로만 정답을 평가하며, 성공적으로 단어 한 개당 1점으로 채점한다. 단어의 순서는 상관하지 않는다.

문항 9. 가지고 있던 소지품을 자주 잃어버리나요?

- 요즘 자신이 가지고 잇던 소지품(지갑, 핸드폰, 안경 등)을 자주 잃어버리면 '⓪'을 선택하게 하고, 잃어버리지 않으면 '①'을 선택하게 한다.
- ①을 선택하거나 자주 잃어버리면 1점, ⓪을 선택하거나 자주 잃어버리면 0점으로 한다.

문항 10~12. 세 가지 물건 말해 보기

- 점수 계산은 첫 응답으로만 정답을 평가하며, 성공적으로 대답한 단어 한 개당 1점으로 채점한다. 단어의 순서는 상관하지 않는다.

웃음으로 치매를 예방하라

문항 13. 우리나라에서 사람이 가장 많이 사는 도시는 어디입니까?

• '서울'을 기억해 내면 1점, 기억해 내지 못하면 0점으로 한다.

문항 14. 불이 나면 어디로 신고해야 하나요?

• '119', '소방서'를 기억해 내면 1점, 기억해 내지 못하면 0점으로 한다.

문항 15. 물건의 이름이 자주 기억나지 않나요?

• 일상생활을 하면서 물건의 이름이 자주 기억나지 않으면 '⓪'을 선택하게 하고, 기억이 잘 나면 '①'을 선택하게 된다.

• ①을 선택하거나 기억이 잘 나면 1점, ⓪을 선택하거나 자주 기억나지 않으면 0점으로 한다.

문항 16. 집에 가는 길을 잃어버린 적이 있나요?

• 밖에 나왔다가 집에 가는 길을 잃어버린 적이 있으면 '⓪'을 선택하게 하고, 길을 잃은 적이 없으면 '①'을 선택하게 한다.

• ①을 선택하거나 길을 잃은 적이 없으면 1점, ⓪을 선택하거나 길을 자주 잃어버리면 0점으로 한다.

문항 17. 나의 전화번호는 어떻게 되나요?

• 자신의 전화번호를 말로 하거나 적도록 한다.

• 자신의 전화번호를 기억해 내면 1점, 기억해 내지 못하면 0점으로 한다.

문항 18~20. 세 가지 물건 말해 보기

• 점수 계산을 할 땐 첫 응답으로만 정답을 평가하며, 성공적으로 대답한 단어 한 개당 1점으로 채점한다. 단어의 순서는 상관하지 않는다.

5. 판정 기준

기억력 감사 결과 판정은 다음과 같이 한다.

:: 검사 결과 판정 기준 ::

점수	0~9점	10~15점	16~20점
구분	심각한 기억력 저하	경미한 기억력 저하	정상

16~20점은 정상으로 판정하고, 10~15점은 경미한 기억력 저하로 평가하며, 0~9명은 심각한 기억력 저하로 평가한다. 경미한 기억력 저하로 판명된 경우에는 기억력을 높이기 위해서 인지훈련이 필요하다. 심각한 기억력 저하는 정밀한 검사를 위해서 전문기관에 의뢰하는 것이 좋다.

웃음으로 치매를 예방하라

:: 기억력 검사 결과 판정 결과 ::

구분	내용
정상	총점이 판정 기준 점수를 초과한 것으로 정상이다. 인지기능이 비교적 잘 유지되고 있으며 정상적이다. 그러나 이후 기억력이나 기타 지적 능력이 지금보다 좀 더 나빠지는 느낌이 있다면 다시 검사를 받아 보도록 안내해야 한다.
경미한 기억력 저하	총점이 판정 기준 점수 이하인 경우로, 기억력이 떨어진다. 인지기능이 평균에 비해 저하되어 있으며 기억력을 높이기 위해서 인지훈련이 필요하다.
심각한 기억력 저하	기억력이 심각하게 떨어져 있다. 전문기관에서 정밀검진을 받아 보는 것이 필요하다.

:: 기억력 검사(IMT) ::

성 명		출생 연도		성별	남/여	교육 일수		년
검사일		총점		판 정				

1. 최근에 만난 사람은 누구입니까?	0	1
2. 그 사람과 나눈 대화는 무엇인가요?	0	1
3. 어제는 무엇을 했나요?	0	1

2부 치매, 어떻게 진단할까?

4. 아침 식사는 무엇을 했나요?	0	1
5. 어제는 몇 시에 잤나요?	0	1
6. 검사자가 말한 세 가지 물건의 이름은 무엇인가요? ①	0	1
7. ②	0	1
8. ③	0	1
9. 가지고 있던 소지품을 자주 잃어버리나요? ⓪ 네　　　① 아니요	0	1
10. 아까 검사자가 말한 첫 번째 물건은 무엇인가요?	0	1
11. 아까 검사자가 말한 두 번째 물건은 무엇인가요?	0	1
12. 아까 검사자가 말한 세 번째 물건은 무엇인가요?	0	1
13. 우리나라에서 사람이 가장 많이 사는 도시는 어디입니까?	0	1
14. 불이 나면 어디로 신고해야 하나요?	0	1
15. 물건의 이름이 자주 기억나지 않나요? ⓪ 네　　　① 아니요	0	1
16. 집에 가는 길을 잃어버린 적이 있나요? ⓪ 네　　　① 아니요	0	1

웃음으로 치매를 예방하라

17. 나의 전화번호는 어떻게 되나요?	0	1
18. 아까 검사자가 말한 첫 번째 물건은 무엇인가요?	0	1
19. 아까 검사자가 말한 두 번째 물건은 무엇인가요?	0	1
20. 아까 검사자가 말한 세 번째 물건은 무엇인가요?	0	1

지남력 검사

1. 검사 개요

뇌 손상으로 인해 발생한 인지장애 지남력에는 시간 지남력, 장소 지남력, 계절 지남력, 지리적 지남력, 사람 지남력이 있다. 지남력에 문제가 생기면 자신의 위치, 날짜 개념이 없어져 현재 시간을 모르거나, 사람을 인식 못해 누군지 모르는 상태가 된다. 지남력 상실은 치매, 우울증, 뇌졸중, 외상 뇌 손상, 알코올 중독, 정신 질환 등 다양한 원인으로 발생할 수 있는데 지남력 상실이 의심될 경우 지남력 훈련이 반드시 필요하다.

지남력 검사(IOT; I-World Orientation Test)는 지남력의 정도를 알아보기 위해 국내에서 개발한 검사지로, 치매가 의심되는 대상자를 선별할 때 사용한다. 지남력 검사는 자신과 관련된 날짜, 날씨, 시간, 장소 등을 인식하고 있는 상태를 객관적으로 평가해 보는 심리 검사를 말한다.

2. 검사 시작 전 주의사항

- 지남력 검사는 반드시 일대일로 해야 하며, 검사자가 피검사자에게 직접 문제를 읽어 주면서 한 문제씩 풀도록 한다. 글을 쓰지 못하는 피검사자는 말로 하고, 글을 쓸 줄 아는 피검사자는 적는 방식으로 진행한다.
- 검사를 효과적으로 하기 위해서는 먼저 검사를 시작하면서 "지금부터 ○○○님의 지남력을 알아보기 위해 몇 가지 질문을 드리겠습니다. 질문 중 몇 가지는 쉽지만 몇 가지는 어려울 수도 있습니다."라고 말해야 부정적인 생각을 갖지 않고 검사에 임할 수 있게 된다.
- 한 문항당 배점은 1점임을 알려 주고, 피검사자가 답변을 "모른다."라고 대답한 경우 틀렸다고 채점하지 말고 응답할 수 있도록 요구해야 한다.
- 검사를 하는 동안 검사자는 피검사자가 스트레스 없이 검사를 마칠 수도 있도록 격려하고, 잘 마치지 못할 경우 적절히 위로해 주어야 한다. 또한 문제에 대한 답을 정확히 했을 때는 긍정적인 피드백을 해 주어야 문제 해결에 도움이 된다.
- 검사 시간은 15분이며, 문항당 1분 정도를 배정한다. 피검사자

의 진도가 빠르면 일찍 끝낼 수 있으니, 피검사자가 잘 기억나지 않아서 시간이 지체되어도 15분 안에는 끝내야 한다.

- 각 문항에 대해 응답하면 1점, 응답하지 못하면 0점을 부여하여 총점은 15점이다.
- 검사지를 판정할 때는 채점된 점수는 피검사자가 볼 수 없도록 해야 한다.

3. 검사 진행 요령

문항 1. 지금은 몇 시입니까?

- 현재 시간을 답하면 된다.
- 시계가 없어서 시간을 모르면 시계를 보여 주고 물어본다.
- 답한 것이 맞으면 1점, 그렇지 않으면 0점으로 한다.

문항 2. 지금은 오전, 오후, 밤 중에서 언제입니까?

- 시간을 가지고 오전, 오후, 밤을 선택하게 한다. 잘 몰라 하면 오전은 0~12시까지, 오후는 12~18시까지, 밤은 18시~06시까지라고 알려 준다.
- 답한 것이 맞으면 1점, 그렇지 않으면 0점으로 한다.

문항 3. 지금은 몇 월입니까?

- 피검사자가 음력으로 답하는 경우에도 달력을 찾아서 실제와 맞으

면 정답으로 한다.

- 질문을 했을 때 피검사자가 스스로 'ㅇ월 ㅇ일'이라고 날짜까지 대답한 경우에 4번 질문을 하지 않고 정답으로 인정한다.
- 몇 월을 숫자 대신 '정월' 혹은 '동짓달'로 대답해도 정답으로 한다.
- 답한 것이 맞으면 1점, 그렇지 않으면 0점으로 한다.

문항 4. 오늘은 며칠입니까?

- '15일인가 16일인가?'처럼 두 가지 답으로 고민할 때, 그중 정답이 있는 경우에는 반드시 "15일과 16일 둘 중에 어느 날인 것 같으세요?"라고 되물어 반드시 하나의 답을 선택하도록 한다.

문항 5. 오늘은 무슨 요일입니까?

- 요일에 대한 개념을 도와줄 때는 '월요일~일요일'을 모두 보기로 들어 주고 특정 요일만 언급하지 않아야 한다.

문항 6. 아침은 몇 시에 드셨나요?

- 시간은 "몇 시 몇 분"으로 답해도 되지만 '몇 시'만 말해도 된다.

문항 7. 어제는 몇 시에 주무셨나요?

- 시간은 "몇 시 몇 분"으로 답해도 되지만 '몇 시'만 말해도 된다.

문항 8. 가장 친한 친구의 이름은 무엇인가요?

- 친구의 이름을 적거나 말하게 한다.

문항 9. 이전 대통령의 이름은 무엇인가요?

- 이전 대통령의 이름을 적거나 말하게 한다.

문항 10. 나는 지금 어디에 있나요?

- 피검사자가 현재 있는 곳, 현재 검사를 시행하는 곳의 명칭을 적거나 말하게 한다.
- 정확한 이름이 아니더라도 통상적으로 허용되는 부분적인 이름은 정답으로 한다. 예를 들어 "고양치매안심센터"를 "치매안심센터"로 답해도 된다.
- 답을 제대로 답하면 1점, 그렇지 않으면 0점으로 한다.

문항 11. 내가 있는 곳은 어느 곳입니까?

- 피검사자가 있는 곳을 ① 서울특별시, ② 광역시, ③ 시, ④ 군 중에서 고르도록 한다.

문항 12. 우리 집 화장실은 현관문에서 어디에 있나요?

- 오른쪽과 왼쪽 중에서 고르게 한다.
- 올바르게 답하면 1점, 그렇지 않으면 0점으로 한다.

문항 13. 내가 자주 가는 병원의 이름은 무엇인가요?

- 자주 가는 병원의 이름을 말하게 한다.
- 올바르게 답하면 1점, 그렇지 않으면 0점으로 한다.

문항 14. 내가 사는 집의 형태는 어떤가요?

- 피검사자가 사는 집의 형태를 ① 아파트, ② 단독주택, ③ 빌라 중에서 고르도록 한다.
- 올바르게 답하면 1점, 그렇지 않으면 0점으로 한다.

문항 15. 나는 몇 층에 사는가요?

- 피검사자가 사는 집의 층수를 말하게 한다.
- 올바르게 답하면 1점, 그렇지 않으면 0점으로 한다.

4. 판정 기준

지남력 검사 결과 판정은 다음과 같이 한다.

:: 검사 결과 판정 기준 ::

점수	0~9점	10~12점	13~15점
구분	심각한 지남력 저하	경미한 지남력 저하	정상

13~15점은 정상으로 판정하고, 10~12점은 경미한 지남력 저하로 평가하며, 0~9점은 심각한 지남력 저하로 평가한다. 경미한 지남력 저하로 판명된 경우에는 지남력을 높이기 위해서 인지훈련이 필요하다. 심각한 지남력 저하는 정밀한 검사를 위해서 전문기관에 의뢰하는 것이 좋다.

:: 지남력 결과 판정 결과 ::

구분	내용
정상	총점이 판정 기준 점수를 초과한 것으로 정상이다. 인지기능이 비교적 잘 유지되고 있으며 정상적이다. 그러나 이후 기억력이나 기타 지적 능력이 지금보다 좀 더 나빠지는 느낌이 있다면 다시 검사를 받아 보도록 안내해야 한다.
경미한 기억력 저하	총점이 판정 기준 점수 이하인 경우로, 기억력이 떨어진다. 인지기능이 평균에 비해 저하되어 있으며 기억력을 높이기 위해서 인지훈련이 필요하다.
심각한 기억력 저하	기억력이 심각하게 떨어져 있다. 전문기관에서 정밀검진을 받아 보는 것이 필요하다.

:: 지남력 검사(IOT) ::

성 명		출생 연도		성별	남/여	교육 일수	년
검사일		총점		판 정			

1. 지금은 몇 시입니까?	0	1
2. 지금은 오전, 오후, 밤 중에서 언제입니까?	0	1
3. 지금은 몇 월입니까?	0	1
4. 오늘은 며칠입니까?	0	1

웃음으로 치매를 예방하라

5. 오늘은 무슨 요일입니까?	0	1
6. 아침은 몇 시에 드셨나요?	0	1
7. 어제는 몇 시에 주무셨나요?	0	1
8. 가장 친한 친구의 이름은 무엇인가요?	0	1
9. 이전 대통령의 이름은 무엇인가요?	0	1
10. 나는 지금 어디 있나요?	0	1
11. 내가 사는 곳은 어느 곳입니까? ① 서울특별시 ② 광역시 ③ 시 ④ 군	0	1
12. 우리 집 화장실은 현관문에서 어디에 있나요? ① 오른쪽 ② 왼쪽	0	1
13. 내가 자주 가는 병원의 이름은 무엇인가요?	0	1
14. 내가 사는 집의 형태는 어떤가요? ① 아파트 ② 단독주택 ③ 빌라	0	1
15. 나는 몇 층에 사는가요?	0	1

2부 치매, 어떻게 진단할까?

3부

치매 간병,
제대로 알기

치매를 예방하는 웃음 테라피

우리나라의 치매 관련 복지제도

1. 치매 국가 책임제

정부는 2017년 7월 치매 국가 책임제 공약을 발표하였다. 치매 국가 책임제는 문재인 전 대통령의 대표적인 공약 중 하나로, 급증하는 치매 환자의 증가에 따라 이를 개인의 부담으로 돌리기보다 국가가 앞장서서 국가 돌봄 차원으로 격상하여 해결하겠다는 의지를 보인 정책이다.

치매 국가 책임은 치매 예방, 조기 발견, 지속적 치료 및 관리 등을 통해 치매로 인한 사회적 · 경제적 비용을 절감하자는 취지로 추진되고 있다. 이를 위해서 구체적으로 치매지원센터 지원, 치매 안심병원 설립, 치매의료비 부담 완화, 전문 요양사 파견제 도입 등을 확충하는 것으로 되어 있다.

치매 국가책임제 공약 이행의 일환으로, 2018년 본격적인 치매 국가책임제의 시행을 위해 총 2,023억 원 규모의 추경예산을 통해 전국 치매안심센터와 치매안심병원을 확충하기로 했다. 2,023억 원의 치매 예산은 구체적으로 치매안심센터를 252개소로 확대하는 데 1,230억 원, 치매안심세터의 1개월 운영비 188억 원, 전국 공립요양병원에 치매전문병동 확충에 605억 원이 편성되었다.

2022년 60세 이상 인구의 7.23%인 86만 3,542명이 치매 판정을 받았고, 경도인지장애환자는 241만 7,970명으로 60세 이상 인구의 20.25%를 차지했다.

2. 치매 노인 공공후견제

치매관리법에 따라 모든 지자체는 치매 노인 공공후견제를 실시해야 한다. 치매 노인 공공후견제는 전문직에서 퇴직한 노인이 치매를 앓고 있는 저소득층 노인의 후견인 역할을 맡는 방식으로 전문직 은퇴자들을 활용하는 서비스를 말한다. 공공후견제도는 특정 후견인으로 제한해 공공후견인으로 부르기도 하며, 후견 기간을 3년으로 정하고 있다.

치매 국가 책임제의 일환으로, 정신적 제약으로 의사 결정이 어렵고 금융사기 등 범죄에 취약한 치매 노인의 결정권을 보호한다는 취지다. 치매·독거노인에 대한 지원과 노인 일자리 창출이라는 목적도 갖고 있다. 그래서 중증 치매를 앓으면서 보호자 없이 혼자 사는 기초생활수급자 등에게 공공후견 서비스를 제공한다. 대상자는 전국 4,400명 정도로 추정된다.

먼저 각 지자체에 있는 독거노인 종합지원 센터와 치매안심센터가 함께 대상자들을 찾게 된다. 여기서 확인된 저소득 치매 노인의 재산 관리를 돕고 수술 등 중요한 의료행위를 동의하는 등의 후견인은 전문직에서 퇴직한 노인을 활용한다. 치매 노인 공공후견제는 복지부 산하 중앙 치매센터에서 사업을 지원한다. 지자체가 법원에 후견 심판을 청구할 때 심판청구서 작성을 돕고, 후견인에게 법률 자문을 해 주게 된다. 각 지자체는 사업 시행 주체로서 이러한 절차를 총괄 관리한다.

3. 노인 장기요양보험제도

고령이나 노인성 질병 등의 사유로 일상생활을 혼자서 수행하기 어려운 노인 등에게 신체활동 또는 가사활동 지원 등의 장기요양급여를 제공하여 노후의 건강 증진 및 생활 안정을 도모하고 그 가족의 부담을 덜어 줌으로써 국민의 삶의 질을 향상시키는 것을 목적으로 시행하는 사회보험제도이다.

우리나라는 이미 2000년에 고령화 사회(aging society)로 진입하였고, 이후 세계에서 유례가 없을 만큼 빠른 속도로 초고령화 사회를 향해서 치닫고 있다. 급격한 초고령화에 따라 치매나 중풍 등 일상생활이 어려운 노인의 수도 날로 증가하고 있다.

그럼에도 불구하고 장기요양이 필요한 노인을 집에서 돌보기 어려운 것이 지금의 실정이다. 노인의 장기요양 문제는 가정에서 부담해야 하는 비용이 과중하기 때문에 우리가 시급히 해결해야 할 심각한 사회적 문제이자 국가적인 문제이기도 하다.

이와 같은 노인의 간병·장기요양 문제를 해결하고자 사회적 연대원리에 따라 정부와 사회가 공동으로 해결하는 사회보험 방식으로 노인 장기요양보험 제도를 도입하였다. 2007년 4월 노인 장기요양보험법이 제정되면서 2008년 7월부터 노인 장기요양보험 제도가 시행되었다.

1) 노인 장기요양보험 제도의 개념

노인 장기요양보험 제도는 고령화 사회로 급속하게 진전됨에 따라 요양보호가 필요한 노인의 생활 자립을 지원함으로써 가족의 부담을 줄여 주고, 늘어나는 노인요양비와 의료비 문제에 적절하게 대처하고자 도입된 공적 제도다. 즉, 고령이나 노인성 질병 등으로 다른 사람의 도움을 받지 않고서는 생활하기 어려운 노인에게 신체 활동 또는 가사 지원 등의 장기요양급여를 사회적 연대원리에 의해 제공하는 사회보험제도다.

2) 장기요양 신청 대상

장기요양 신청 대상은 스스로 일상생활이 곤란한 65세 이상 노인과 치매, 뇌혈관성 질환, 파킨슨병 등 노인성 질환을 가진 65세 미만자이다. 신청 접수는 국민보험공단 지사에 설치된 장기요양보험 운영센터와 시군구 읍 · 면 · 동 주민센터에서 할 수 있다. 그리고 신청은 인터넷, 모바일 앱으로 간편하게 할 수 있다.

:: 장기요양 인정점수 산정을 위한 심신 상태를 나타내는 항목 ::

영역	항목		
신체기능 (기본적 일상생활기능) (12항목)	옷 벗고 입기 세수하기 양치질하기 목욕하기	식사하기 자세 변경하기 일어나 앉기 옮겨 앉기	방 밖으로 나오기 화장실 사용하기 대변 조절하기 소변 조절하기
인지기능 (7항목)	단기 기억장애 날짜 불인지 장소 불인지 나이 · 생년월일 불인지	지식 불인지 상황 판단력 감퇴 의사소통 전달장애	
행동변화 (14항목)	망상 환각, 환청 슬픈 상태, 울기도 함 불규칙 수면, 주야혼돈 도움에 저항	서성거림, 안절부절못함 길을 잃음 폭언, 위협 행동 밖으로 나가려 함 물건 망가트리기	의미 없거나 부적 절한 행동 돈 · 물건 감추기 부적절한 옷 입기 대소변불결행위
간호처치 (9항목)	기관지 절개관 간호 흡인 산소요법	욕창간호 경관 영양 암성통증간호	도뇨관리 장루간호 투석간호
재활 (10항목)	운동장애(4항목)		관절제한(6항목)
	우측상지, 우측하지, 좌측상지, 좌측 하지		어깨관절, 팔꿈치관절, 손목 및 수지관철, 고관절, 무릎관절, 발 목관절

웃음으로 치매를 예방하라

신청인의 심신 상태를 조사하여 '장기요양 인정점수'를 산정해 등급을 판정하며, 요양 1~5등급으로 판정받을 경우 장기요양급여 서비스를 이용할 수 있다.

:: 노인 장기요양보험 등급 판정 기준 ::

등급	심신 기능 상태
1	일상생활에서 전적으로 다른 사람의 도움이 필요한 상태(95점 이상)
2	일상생활에서 상당 부문 다른 사람의 도움이 필요한 상태(75점 이상 95점 미만)
3	일상생활에서 부분적으로 다른 사람의 도움이 필요한 상태(60점 이상 75점 미만)
4	일상생활에서 일정부분 다른 사람의 도움이 필요한 상태(51점 이상 60점 미만)
5	치매 환자(45점 이상 51점 미만)

3) 장기요양 급여

장기요양 급여는 6개월 이상 혼자서 일상생활을 수행하기 어렵다고 인정되는 자에게 신체 활동, 가사 활동의 지원 또는 간병 등의 서비스나 이에 갈음하여 지급하는 현금 등을 의미한다. 장기요양 급여는 제가급여, 시설급여, 특별현금급여로 나뉜다.

2014년 의료보험관리공단 부담금 3조 830억 원 중 재가급여는 1조 4,864억 원으로 전체대비 점유율이 48.2%이었고, 시설급여는 1조 5,966억 원이었다. 세부유형별로 나누어 보면, 재가급여는 방문요양이 79.0%를 점유하여 가장 높았고, 시설급여는 노인요양시설이 85.6%를 점유하였다.

3부 치매 간병, 제대로 알기

구분	내용
시설급여	노인 요양시설 및 노인 요양공동생활가정 등에 장기간 동안 입소하에 신체 활동 지원 및 심신 기능의 유지, 향상을 위한 교육, 훈련 등을 제공하는 장기요양 급여
재가급여	방문요양, 방문목욕, 방문간호, 주 ·야간보호, 단기보호, 복지용구 등 가정을 방문하여 신체 활동, 가사 활동, 간호 등의 서비스를 제공하거나 주 ·야간보호시설이나 단기보호시설에서 신체 활동 지원 등의 서비스를 제공하는 장기요양급여
특별현금급여 (가족요양비)	도서 ·벽지 등 방문요양기관이 현저히 부족한 지역에 거주하거나, 천재지변이나 그 밖에 이와 유사한 사유로 인하여 장기요양기관에서 장기요양급여를 이용하기 어려운 자, 신체 정신 또는 성격 등 대통령령으로 정하는 사유로 인하여 가족 등으로부터 장기요양을 받아야 하는 수급자에게 현금으로 지급하는 제도

4) 보건의료서비스와 복지서비스

장기요양보험제도에서 담당하고 있는 보건의료서비스는 단기간의 의료서비스는 제외되고, 일상적이고 장기간에 걸쳐 제공되는 서비스에 한정되는 경향이 있다.

보건의료서비스의 범위는 의사, 간호사 및 재활치료사 등 의료 인력에 의해서 제공되는 의료 · 간호 · 재활서비스 및 보건교육, 건강증진 프로그램까지를 포함한다. 여기에서 수발대상자는 한 가지 이상의 만성질환을 갖고 있기 때문에 정기적인 질병 관리나 건강 교육 및 건강 유지 프로그램, 요양 지도를 필요로 하는데, 그 소요비용의 부담이 문제가 된다.

한편 복지서비스는 서비스의 제공뿐만 아니라 욕구의 사정, 상담, 평가 및 계획에 이르는 모든 행위를 포괄하고 있는데, 수발과 관련한 복지서비스는 신체적 간병 수발 서비스 및 집 안 청소, 식사 준비, 세탁, 물건 구입과 같은 가사 지원서비스 등 가사 활동에 필요한 서비스가 해당된다.

5) 재원 마련

노인 장기급여 요양보험에 필요한 재원은 건강보험 가입자의 보험료와 정부, 본인 부담금 등으로 충당한다. 본인 부담금은 재가급여의 경우 당해 장기요양 급여비용의 15%, 시설급여의 경우 당해 장기요양급여비용의 20%이다.

4. 주간보호

주간보호소는 어린이집에서 낮 동안에 아이를 맡아 돌보아 주는 것처럼 낮 동안 노인을 돌보아 주는 곳이다. 주간보호소는 주간보호센터, 데이케어센터(Day Center, Day Service Center)라고도 한다. 데이케어센터를 우리나라 말로 바꾸면 주간보호, 일시보호, 단기보호, 탁로소 등에 해당된다.

1) 주간보호소의 개념

주간보호소는 낮 동안 노인에게 가족 대신 보호서비스를 제공하는 기관을 말하는데, 평소 집에서 돌봐 주는 가족이 직장에 나가 일하는 동안 또는 돌봐 줄 사람이 없는 상태에서 외출을 할 때 노인을 맡길 수 있는 곳이다.

주간보호소의 목적은 주고 만성질환이나 기능장애로 거동이 불편한 노인이 낮 동안 지역사회 시설을 이용하여 일상생활에 필요한 서비스를 제공받으면서 부양가족의 경제적·신체적·심리적 부담을 경감시켜 주는 데 있다. 주간보호소에 치매 환자를 맡기고 필요에 따라 급식, 상담, 투약, 여가활동, 재활치료, 건강교육 등의 서비스를 이용할 수 있다. 기관에 따라 주야간 전부 맡길 수 있는 주야간보호센터도 있다.

2) 주간보호소의 종류

노인 주간보호소는 지역사회의 수용시설(양로원, 요양원 등)이나 이용시설(노인복지회관·사회복지관·교회 등), 병원, 또는 독립시설 등 현재 전국에 2,186곳이 있다. 인터넷으로 거주지 가까운 곳에 있는 주간보호소를 검색할 수 있고, 주간보호소에서 대부분 차로 노인을 모셔 가기 때문에 걱정하지 않아도 된다.

주간보호소의 이용료는 실비 수준으로 받으며, 주간보호시설은 1일(낮 동안 보호)로 규정하고 있는데 평일에는 오전 7시 30분부터 오후 7시 30분까지, 토요일에는 오전 7시 30분부터 오후 3시 30분까지 이용할 수 있다. 기관에 따라 오후 10시까지나 주야간 이용할 수도 있으며, 자신의 처지에 맞는 선택이 가능하다.

3) 이용 대상

- 일상생활 수행능력(Activities of Daily Living; ADL)에 지장이 있는 자
- 노인성 질환이나 노화로 심신의 장애가 있는 자
- 일반 질환으로 일시적인 일상생활 서비스가 필요한 자
- 독거노인으로 낮 동안 주간보호 서비스가 필요한 자
- 기타 복지시설장이 주간보호 서비스가 필요하다고 인정한 자

4) 서비스 내용

- 생활지도 및 일상동작 훈련 등 심신의 기능 회복 및 강화를 위한 서비스
- 급식 및 목욕 서비스
- 취미, 오락, 운동 등 여가생활 서비스
- 지역 사회 복지자원 발굴 및 네트워크 구축에 관한 사항
- 지역사회 자원봉사자 등 인적 자원 발굴 사업
- 이용 노인 가족에 대한 상담 및 교육 등

5) 실비 이용자의 이용 범위

- 기초생활수급 노인을 우선적으로 보호하되, 시설에 여유 공간이 있고 우선순위 대기자가 없는 경우에는 실비 이용자를 이용 정원까지 수용 가능하다.
- 만일 정원이 충족된 시설에 기초생활 수급 노인이 입소를 신청한 경우 기존 실비 입소 노인 중에서 이용 기간, 건강 상태, 소

득 등 보호의 필요성을 고려해 퇴소 대상자를 결정해야 한다. 이 경우에도 퇴소에 필요한 충분한 기간을 보장해야 한다. 단, 퇴소 준비 기간은 최장 3개월을 초과할 수 없다.
- 시설장은 설비 이용자와 계약할 때 이러한 규정을 충분히 설명해야 한다.

6) 이용비용

- 65세 이상의 국민기초생활보호대상자 노인 무료
- 65세 이상의 저소득 노인 실비 부담
- 서비스 내용과 식비 등을 고려하여 실비 징수가 가능
- 이용료는 1인당 4,000~5,000원(특별서비스의 경우: 1회당 1,500원 추가)

5. 단기 보호시설

단기 보호시설은 부득이한 사유로 가족의 보호를 받을 수 없어 일시적으로 보호가 필요한 심신이 허약한 노인과 장애노인을 시설에 3개월 이하의 단기간만 입소시켜 보호하고 필요한 각종 서비스를 제공하는 기관을 말한다. 현재 단기 보호시설은 복지재단, 노인복지관, 주간보호센터, 노인복지센터 등 현재 전국 258곳에서 운영하고 있다.

1) 보호 기간

보호 기간은 1회 45일, 연간 이용 일수는 3개월을 초과할 수 없다. 시설장은 시설 이용 신청 시 3개월의 이용 제한으로 인해 노인에게 발생할 수 있는 환경 적응상의 문제 등을 충분히 고지하고, 장기간의 이용이 예측될 경우 장기요양시설을 이용하도록 하여 노인의 건강에 피해가 생기지 않도록 하여야 한다.

2) 이용 대상

- 일상생활 수행능력(Activities of Daily Living; ADL)에 지장이 있는 자
- 노인성 질환이나 노화로 심신의 장애가 있는 자
- 일반 질환으로 일시적인 일상생활 서비스가 요하는 자
- 독거노인으로 낮 동안 주간 보호 서비스가 필요한 자
- 기타 복지시설장이 주간 보호 서비스가 필요하다고 인정한 자

3) 서비스 내용

- 생활 지도 및 일상 동작훈련 등 심신의 기능 회복 및 강화를 위한 서비스
- 급식 및 목욕 서비스
- 취미, 오락, 운동 등 여가생활 서비스
- 지역사회 복지자원 발굴 및 네트워크 구축에 관한 사항
- 지역사회 자원봉사자 등 인적 자원 발굴 사업
- 이용 노인 가족에 대한 상담 및 교육 등

4) 실비 이용자의 이용 범위

- 기초생활수급을 노인을 우선적으로 보호하되, 시설에 여유 공간이 있고 우선순위 대기자가 없는 경우에는 실비 이용자를 이용 정원까지 수용 가능하다.
- 만일 정원이 충족된 시설에 기초생활 수습 노인이 입소를 신청한 경우 기존 실비 입소 노인 중에서 이용기간, 건강 상태, 소득 등 보호의 필요성을 고려해 퇴소 대상자를 결정해야 한다. 이 경우에도 퇴소에 필요한 충분한 기간을 보장해야 한다. 단, 퇴소 준비 기간은 최장 3개월을 초과할 수 없다.
- 시설장은 실비 이용자와 계약할 때 이러한 규정을 충분히 설명해야 한다.

5) 이용비용

- 65세 이상의 국민기초생활보호대상자 노인 무료
- 65세 이상의 저소득 노인 실비 부담
- 서비스 내용과 식비 등을 고려하여 실비 징수가 가능
- 1일 기준 8,000원(기관에 따라 13,000~14,000원)

6. 노인 장기요양

2005년 9월 정부가 고령화 사회에 대비하기 위해 2000년부터 노인 장기요양을 정책 과제로 검토하였다. 이를 위하여 정부에서는 노

인수발 보험법, 노인수발 보장법안 등을 만들어 법안 통과를 하고자 하였다. 법안 통과를 위해 국회에서 논의하고 심의하는 과정에서 수발이라는 용어를 '장기요양'으로 변경시켜, 2007년 4월 '노인 장기요양 보험법'이 통과되면서 사용되었다.

노인 장기요양 보험법이 만들어진 이후 사회적 취약계층에 한정되어 있던 대상자가 장기요양 필요도에 따라 확대되면서 요양서비스 이용자 수도 급증했다. 이와 더불어 '요양보호서비스'란 개념을 제시하며 돌봄 기능을 의료 부분의 간호서비스와 연계하여 제공할 수 있도록 제도가 설계되었다. 돌봄의 대명사로 제시되었던 복지서비스에 건강관리 및 간호 처치, 돌봄에 초점을 맞춘 보건의료서비스가 제공되는 체계를 갖추었다.

노인 장기요양기관은 노인을 돌볼 가족이 없거나, 치매 환자가 심한 행동장애를 보이거나 완전히 누워 있어 가족의 간호에 한계가 생길 때 유용하게 사용하는 시설이다. 노인 장기요양서비스를 제공하는 시설에는 노인복지법에 명시된 재가노인복지시설과 노인의료복지시설, 그리고 노인 장기요양보험법에 명시된 재가 장기용양기관의 일종인 방문간호서비스기관이 있는데, 이를 노인 장기요양보험법에서는 모두 장기요양기관으로 지칭하고 있다.

노인 장기요양기관은 요양원, 요양병원, 요양센터, 노인복지센터, 재활요양병원, 노인병원 등 다양한 기관에서 운영되고 있다. 장기요양기관은 무료·유료·실비 등으로 구분되며, 무료 시설은 대개 생활보호 대상자로 한정되어 있어서 일반인이 이용하기는 어렵다. 장기요양기관은 많은 가족이 꺼리지만 시설에서 전문적인 돌봄

을 받으면 가정에서 돌보는 것보다 노인의 상태가 좋아지는 경우도
있다.

7. 중앙 치매센터와 치매안심센터

정부가 2008년 9월 '치매와의 전쟁'을 선포한 후 국회는 2011년 8
월 '치매 관리법'을 제정하여 치매를 안정적이고 효율적으로 관리해
나갈 수 있는 기반을 마련했다. 치매 진료의 전문화, 연구 · 개발, 치
매 서비스의 질 관리 등을 추진하고, 전국 규모의 체계적이고 표준
화된 치매 사업의 확대를 위하여 중앙 단위의 컨트롤타워가 필요하
였다.

이에 보건복지부는 2012년 2월 발효된 '치매관리법'에 따라 2012
년 5월 분당 서울대학교병원을 '치매와의 전쟁'의 컨트롤타워 역할
을 수행할 수 있는 '중앙 치매센터'로 지정했다. 중앙 치매센터에는
전문교수, 간호사, 사회복지사, 임상심리사, 작업치료사 등의 전담
직원이 치매 예방과 조기 발견 및 치료 방법 연구, 치매 관계자 관리
및 교육을 실시하여 치매 환자와 그 가족의 행복 증진에 기여하고
치매 인식 개선을 위해 노력하고 있다.

1) 시설 기준
• 사업 수행을 위하여 필요한 사무실, 회의실, 교육 · 세미나실
  등을 마련해야 한다.

웃음으로 치매를 예방하라

- 위탁 운영의 경우에는 위탁받은 기관의 기존 시설 활용이 가능하다.
- 위탁받은 기관 내 설치를 원칙으로 하되, 부득이한 경우 주무부처와 협의하여 기관 밖에 설치가 가능하다.

2) 직제 기준

센터장, 부센터장을 두고 연구, 교육·홍보, 협력사업 등 팀을 구성·운영해야 한다.

3) 인력 기준

- 배치 기준: 센터장 1인, 부센터장 1인, 팀장 각 1인 및 팀원 15인 내외를 배치해야 한다.
- 센터장은 다음 ①~⑤의 어느 하나에 해당하면서, 보건복지 분야 석사 학위 이상 소지자 중 노인 관련 보건복지 분야 7년 이상 근무 경력자이어야 한다.

① 「의료법」에 따른 의료인
② 「사회복지사업법」에 따른 사회복지사
③ 「정신보건법」에 따른 정신보건전문요원
④ 5급 이상 공무원으로서 국가 또는 지방자치단체에서 보건복지 사업에 관한 행정업무에 5년 이상 종사한 경력이 있는 사람
⑤ 상기 4가지 중 어느 하나에 준하는 자격을 소지한 사람

- 부센터장은 상기 ①~⑤의 어느 하나에 해당하면서, 보건복지 분야 석사 학위 이상 소지자 중 노인 관련 보건복지 분야 5년 이상 경력자이어야 한다.
- 팀장은 업무 수행에 필요한 석사 학위 이상 소지자 중 노인 관련 보건복지 분야 3년 이상 경력자이어야 한다.

4) 역할

- 광역치매센터 업무의 총괄·조정 및 기술 제공, 원활한 협조체계 구축 등을 지원해야 한다.
- 업무 수행의 효율성 제고에 필요한 사항에 대하여 광역치매센터와 반기별로 회의를 개최, 의견을 수렴하고 그 결과를 사업 운영에 반영해야 한다.
- 조직, 인사, 급여, 그 밖에 운영에 필요한 규정을 두고 이에 따라 센터를 운영하며, 다음의 기록 및 서류를 갖추어야 한다.

  ① 기관의 연혁, 운영 및 인사에 관한 기록
  ② 재산 목록과 그 소유권 또는 사용권에 관하여 확인할 수 있는 서류
  ③ 최근 3년 동안의 업무 수행에 관한 자료

- 사업계획 및 실적, 예산·결산 및 조직 운영 현황 등에 관한 자료를 반기별로 보건복지부에 보고

웃음으로 치매를 예방하라

5) 주요 업무

- 치매 연구사업에 대한 국내외의 추세 및 수요 예측
- 치매 연구사업 계획의 작성
- 치매 연구사업 과제의 공모 · 심의 및 선정
- 치매 연구사업 결과의 평가 및 활용
- 치매 환자의 진료
- 재가 치매 환자 관리 사업에 관련된 교육 · 훈련 및 지원
- 치매 관리에 관한 홍보
- 치매와 관련된 정보 · 통계의 수집 · 분석 및 제공
- 치매와 관련된 국내외 협력
- 치매의 예방 · 진단 및 치료 등에 관한 신기술 개발 및 보급

6) 치매관리 전달체계

- 중앙치매센터: 분당 서울대학교병원
- 권역치매센터: 지방 국립대병원에 설치된 노인보건의료센터에 개설
- 치매안심센터: 전국 보건소의 치매상담실 및 사무실 등을 활용하여 치매 관리사업의 실무적인 일을 수행한다. 일반적으로 60세 이상 시민에게 치매선별검사를 무료로 실시한다. 치매 고위험군에 대하여는 진단검사, 감별검사를 협력 병의원에 의뢰하여 조기질환 발견 및 치료를 관리하고 있다. 치매 환자 치료비 지원 대상자에 대하여는 월 3만 원 이내의 약제비를 지원하여 경제적 부담을 경감하고, 치매 재활 프로그램을 통하여

인지능력을 향상시켜 증상 완화 및 가족에게 치매 환자 간병과 관련한 교육을 실시하여 환자를 이해하고 소통하는 장을 마련한다.

- 거점 병원: 공립요양병원 중 예산을 지원받아 치매인지 재활 서비스 등을 제공하면서 치매 임상 기능의 질 제고를 도모하는 병원

8. 치매상담 콜센터

치매상담 콜센터는 치매 환자나 그 가족, 전문 케어제공자, 치매에 대해 궁금한 일반인은 누구나 이용할 수 있으며 전국 어디서나 국번 없이 '1899-9988'로 전화하면 24시간, 365일 연중무휴로 이용할 수 있다. 전화번호인 '1899-9988'은 18세 기억 99세까지, 99세까지 88하게 살라는 의미다.

1) 시설 기준

- 상담받는 사람의 신분, 사생활 및 상담 내용 등 노출 방지를 위한 칸막이, 효과적인 상담·교육 프로그램 등 운영을 위한 장비(녹취기, 카메라 등) 등 상담 수행을 위한 적합한 공간과 설비를 갖추어야 한다.
- 위탁받은 기관 내 설치를 원칙으로 하되, 부득이한 경우 주무 부처와 협의 하여 기관 밖에 설치 가능하다.

2) 인력 기준

- 배치기준은 센터장 1인, 상담팀장 1인, 전문·일반상담원 및 사무보조원을 두어야 한다.
- 센터장은 위탁받은 기관의 직위와 겸직이 가능하나 주 2일(16시간) 이상 근무해야 한다.

3) 자격 기준

- 센터장, 상담팀장, 전문·일반상담원 및 사무보조원은 아래 기준을 충족해야 한다.
- 센터장은 다음 ①~④의 어느 하나에 해당하면서, 노인 관련 보건복지 분야에서 7년 이상 경력자이어야 한다.

  ① 「의료법」에 따른 의료인
  ② 「사회복지사업법」에 따른 사회복지사
  ③ 「정신보건법」에 따른 정신보건전문요원
  ④ 이에 준하는 자격을 소지한 사람

- 상담팀장은 상기 ①~④의 어느 하나에 해당하면서, 노인 관련 보건복지 분야에서 5년 이상 경력자이어야 한다.
- 전문상담원은 상기 ①~④의 어느 하나에 해당하면서, 노인 관련 보건복지 분야에서 3년 이상 경력자이어야 한다.
- 일반 상담원은 상기 ①~④의 어느 하나에 해당하면서, 노인 관련 보건복지 분야에서 1년 이상 경력자이어야 한다.

- 사무보조원은 고졸 또는 동등 학력 이상 소지자로 해당 분야 경력자이어야 한다.

4) 역할

- 치매 환자와 가족에 대한 전화 상담을 실시하고, 동의를 받아 지속적인 사례 관리와 자원 연계 등을 지원하여야 한다.
- 월별로 상담 실적을 정리하고 치매 환자와 가족의 주요 정책제 안 및 제도 개선사항에 대한 요구를 수집하여 보고하여야 한다.
- 상담원 채용 시 치매 전문상담 능력 향상을 위하여 2개월 범위 에서 이론 및 실습 교육을 이수하는 수습 기간을 둘 수 있다.
- 조직, 인사, 급여, 그 밖에 운영에 필요한 규정을 두고 이에 따 라 센터를 운영하며, 다음의 기록 및 서류를 갖추어야 한다.

① 기관의 연혁, 운영 및 인사에 관한 기록
② 재산 목록과 그 소유권 또는 사용권에 관하여 확인할 수 있는 서류
③ 최근 3년 동안의 업무수행에 관한 자료

- 사업계획 및 실적, 예산 · 결산 및 조직운영 현황 등에 관한 자 료를 반기별로 보건복지부에 보고하여야 한다.

5) 주요 업무

- 치매에 과한 정보 제공

- 치매 환자의 치료 · 보호 및 관리에 관한 정보 제공
- 치매 환자와 그 가족의 지원에 관한 정보 제공
- 치매 환자의 가족에 대한 심리적 상담
- 그 밖에 보건복지부장관이 필요하다고 인정하는 치매 관련 정보의 제공 및 상담

9. 기타

1) 가정간호

가정간호는 치매 환자의 지속적인 치료 및 관리가 필요한 경우 가정전문 간호사가 담당의사와 치료계획을 세운 후 환자가 거주한 장소를 방문하여 처방한 내용을 제공하는 서비스를 말한다. 우리나라 가정간호사업장은 현재 대부분의 병원에 설치되어 있는데, 대개 반시간 정도 방문하여 환자를 직접 간호하거나 환자 가족에게 교육을 한다. 치매 말기에 오랫동안 누워 있는 경우에 가정간호사로부터 욕창 관리나 식이 관리 등에 대해 큰 도움을 받을 수 있다.

2) 서적과 인터넷, 치매 가족을 통한 정보 획득

치매 환자를 돌보는 가족은 치매치료법과 간호 방법을 배워야 한다. 치매에 대한 지식 없이 치매 환자를 돌보면 자신이나 치매 환자 모두에게 어렵다. 치매에 대한 지식은 서적이나 인터넷 홈페이지 외에도 많은 치매 가족의 카페에서 정보를 얻을 수 있다.

3) 노인용품 구매

인터넷 홈페이지에서 치매 환자를 위한 간호용품들을 판매하고 있기 때문에 쉽게 물건을 구입할 수 있다. 간호용품을 구매할 때는 먼저 치매 환자를 돌보고 있는 다른 가족을 통해 충분한 정보를 얻는 것이 좋다.

치매 환자와의 특별한 대화법

1. 치매 환자의 관리

치매 환자를 둔 가족은 심한 충격에 빠지게 된다. 그렇기에 자신의 부모나 가족이 치매에 걸렸다는 것을 믿고 싶지 않을 것이다. 그래서 잘못된 대응을 하게 되어 오히려 치매를 더욱 가속화시키기도 하고, 오히려 환자에게 해가 되기도 한다. 따라서 치매 환자를 대할 때는 당황하지 말고 대응을 잘해야 한다.

— 자연스럽게 대처한다. 치매로 판정받았다고 해서 갑자기 노인을 대하는 태도를 갑자기 바꾸면 치매 환자도 충격에 빠지거나 당황하게 된다. 따라서 평상시처럼 자연스럽게 치매의 특징을 이해하고 노인의 성격·생활·습관 등을 주의 깊게 관찰하면서 대처해

117

야 한다.

— 자존심을 건드리지 않도록 한다. 치매 환자의 자존심을 건드리면 치매 환자는 우울증이 심해지며, 행동적으로는 방문을 걸어 잠그기도 하고, 자신을 돌보고 있는 사람에게 피해를 주거나 폭력을 쓰기도 한다.

— 화를 내지 않는다. 치매 환자가 실수를 했을 때 화를 내거나, 주의를 주거나, 비웃으면 심하게 상처를 입게 된다. 상처를 받을수록 내성적이 되고, 말수도 줄어든다.

— 설득하도록 한다. 치매 환자가 특이한 행동을 하거나, 무리한 요구를 할 때 무조건 안 된다고 하거나 못하게 하지 말고 대화를 통해서 설득하여 스스로 하지 않게 하도록 해야 한다.

— 정서적으로 지지해 준다. 가족이 환자와 질병에 대한 느낌을 표현하도록 하고, 올바르게 한 일에 대해서는 칭찬을 해 주어 정서적으로 지지를 해 준다. 환자가 수치스러운 이상행동을 했을 때도 무조건 나무라지 말고 환자 입장에서 이해해 주어야 한다.

— 도움을 청할 수 있는 곳을 미리 알아 둔다. 갑자기 어려운 일이 생겼을 때 도움을 청할 수 있는 가까운 가족, 친지, 이웃, 친구 등 연락처를 알아 둘 필요가 있다.

— 정보를 공유하고 어려움을 나눈다. 소그룹 활동(가족모임)을 통해서 치매에 대한 정보를 수집하고, 복지관이나 시설 등을 활용한다.

— 잘못된 정보에 현혹되지 않는다. 주위의 치매에 대한 비전문가의 말에 현혹되어서는 안 된다. 중요한 사안이거나 어려운 문제가 생기면 꼭 담당 의사나 간호사와 상의하여야 한다.

2. 치매 환자와의 대화 방법

치매 환자는 일반적인 방법으로 대화하기 어렵다. 치매 환자와 대화를 하기 위해서는 치매의 진행 단계에 맞는 대화를 해야 치매 환자가 안정적으로 생활할 수 있으며, 치매 지연에 도움이 된다.

— 항상 상대를 배려하는 대화를 한다. 치매 환자와 대화를 할 때는 간병인의 입장에서 말하지 말고, 상대방의 입장에서 대화하려고 노력한다.

— 환자의 속도에 맞춘다. 치매 환자와 대화를 할 때엔 짧은 단어로 천천히 말해야 한다. 환자의 대답을 기대할 때에는 충분한 시간을 가지고 기다려 준다.

— 말을 많이 들어 준다. 치매 환자의 말에는 필요 없는 것이 많고 이해하기 어려운 경우가 많지만 귀찮아하지 말고 들어 드리는 노력이 필요하다.

— 시력 및 청력 저하 환자에게는 오감을 이용한다. 청력이 저하된 노인에게 가까이 다가가서 정확한 발음으로 낮은 톤으로 천천히 몸짓과 표정으로 대화한다. 시력이 저하된 노인에게는 주로 촉각과 청각을 이용하여 대화한다.

— 부정적인 말을 사용하지 않는다. "안 돼요.", "하지 마세요."와 같은 부정적인 말은 환자의 자존감을 낮추기 때문에 사용하지 않고, 환자 입장에서 해서는 안 되는 이유를 설명해 준다.

— 과도한 질문을 하지 않는다. 환자가 답하기 싫은데도 계속 질문을

하게 되면 대화를 중단하거나 답변을 하지 않게 된다.

3. 치매 지연 활동

치매 환자의 치매를 지연하기 위해서는 치매 환자를 간호하면서 다음과 같은 행동을 해 주는 것이 좋다.

— 과거를 회상하도록 한다. 과거를 회상하게 되면 자신을 되찾을 수 있고 생동감을 가지게 된다. 그리고 불만이나 어쩔 줄 모르는 기분이 가라앉게 된다.
— 1일 일과표를 작성하여 계획대로 생활하게 한다. 치매 상태가 되면 우선 일상생활을 영위해 나가는 데 자립성을 잃게 되어 규칙적인 생활을 할 수 없게 된다. 따라서 환자의 습관에 맞도록 1인 일과표를 만들고, 그것에 맞춰 생활할 수 있도록 도와준다.
— 냉난방 · 온도 · 습도 · 환기를 적절하게 한다. 나이가 들면 체온 조절능력이 감퇴되기 때문에 실내의 온도를 적절히 조절해 주는 것이 중요하다.
— 탈수를 주의한다. 치매 환자는 물을 마시고 싶어도 요구할 줄 모르기 때문에 탈수 상태가 될 수 있다. 따라서 하루에 3번 식사 때 국과 물을 충분히 마시도록 한다.
— 인지훈련을 한다. 치매를 지연시키기 위해서는 뇌를 사용하는 인지훈련을 통해서 기억력 · 판단력 · 사고력을 지연시킬 수 있다.

― 남아 있는 능력을 활동하도록 한다. 남아 있는 능력을 활용하게 하면 치매를 지연하는 데 도움이 된다. 여성이라면 빨래를 개는 일이나 감자를 깎는 일, 식기를 씻는 일, 간단한 바느질 등은 할 수 있다. 남자는 청소, 풀 뽑기, 가벼운 짐 운반하기 등을 할 수 있다.

치매 환자, 어떻게 관리해야 할까?

1. 치매 환자의 환경 관리

치매가 심해질수록 판단력과 신체기능이 현저하게 떨어지기 때문에 환자를 보호하기 위해서는 다음과 같은 환경 관리를 해 주어야 한다.

— 쓰레기통 속에서 물건을 감추기도 하고 소변을 보기도 하므로 쓰레기통 뚜껑은 덮어 둔다.
— 가구 이동이나 이사 같은 환경 변화는 환자를 불안하게 하기 때문에 환경 변화를 줄여야 한다.
— 층계에는 잡기 쉬운 손잡이나 난간을 만들도록 한다.
— 층계 끝이 잘 보이도록 색 테이프를 붙인다.

— 밤 동안에 희미한 불을 켜 두거나 야간등을 사용한다.

— 애완동물은 키우지 않는 것이 좋다.

— 치매 환자의 주 활동지는 가족들이 잘 관찰할 수 있는 범위 내에 위치하도록 하는 것이 이상적이다.

— 라디오, TV, 기구, 그리고 온도조절장치의 조작법을 간단하게 써 붙여 사용할 수 있도록 한다.

— 자극적인 TV 화면은 환자에게 공포감이나 환상을 만들어 내기 때문에 주의해야 한다.

— 긴급연락처(치매상담자, 병원, 치매센터, 소방서, 경찰서 등)를 알아 둔다.

2. 치매 환자의 위험물 관리

건강한 사람은 환경에서 오는 위험을 판단하고 적절한 예방을 할 수 있으나, 치매 환자는 판단력과 기억력이 점차 저하되어 환경에 대한 자기 보호능력이 떨어져 있다. 따라서 간호인은 치매 환자의 안전을 위하여 치매 환자의 상태에 따라 주변의 위험요인들을 제거해야 한다.

— 칼이나 날카로운 것들이 있으면 자해를 하거나 간호사 등 타인에게 위해를 줄 수 있기 때문에 손에 닿지 않는 곳에 보관한다.

— 전선, 열쇠, 다리미, 망치, 성냥, 세제, 비닐봉지(질식) 등은 모두 노인에게는 위험한 물건이기 때문에 손에 닿지 않는 곳에 보관한다.

— 약은 노인의 손이 닿지 않는 곳에 두고 잠그는 것이 좋다.

— 계단의 낙상을 예방하도록 해야 하며, 2층보다 1층이 적합하다.

— 화장실 변기와 목욕탕 주변에는 넘어지지 않도록 손잡이를 설치하는 것이 좋다.

— 음식물을 잘 보관하여 환자가 마음대로 음식을 먹지 않도록 한다.

— 부엌의 가스관은 꼭 안전하게 잠근다. 연기 탐지기를 설치하여야 한다.

— 기본적인 응급처치 방법을 알아 두고, 응급처치에 필요한 약품을 미리 준비해 둔다.

— 환자가 이동하는 길에는 넘어질 수 있는 장애물을 제거한다.

3. 치매 환자의 배변 관리

요실금과 변실금의 경우, 간호하기가 무척 힘들다. 주된 원인은 뇌의 기질적 장애나 요도나 항문 괄약근이 이완되기 때문이다. 그리고 화장실이 어디 있는지 장소를 모를 경우, 배설 방법을 잊어버렸을 경우, 행동이 느려지는 경우, 방광이나 요도의 병, 신체 질병, 약 부작용, 그 밖에 급격한 환경 변화에서 생기게 된다. 배변에 문제가 생기면 우선 의사와 상담해 보도록 한다. 원인에 따라서는 대비하는 방법은 다음과 같다.

— 수분과 섭취하는 음식물의 질과 양을 조절하여 요실금 · 변실금을

줄여야 한다.

— 취침 전 2시간 전을 제외하고 낮 동안에는 충분한 수분을 섭취하게 하는 것이 요실금·변실금을 줄일 수 있으며, 방광의 건강 유지에 유익하다.

— 식사나 간식을 먹고 나면 30분 후에는 반드시 화장실로 모시고 가서 배뇨와 배변을 하는 습관을 길러 준다.

— 요실금·변실금 증상의 통제가 어려운 경우에는 기저귀를 사용한다.

— 요실금·변실금 증상이 심한 경우에는 비뇨기적 검사나 부인과 검진을 받도록 한다.

— 환자가 대소변 실수를 한 것에 대해 나무라지 않도록 한다.

— 요실금·변실금을 했을 때는 놀라거나 당황하지 말고 더러워진 옷을 바꾸어 입혀 준다.

— 식사 전, 외출 전에는 화장실에 가서 대소변을 볼 수 있도록 돕는다.

— 낮에는 될 수 있는 한 기저귀를 사용하지 않는다.

— 뒤처리를 스스로 할 수 없을 때에는 뒤에서 닦아 주도록 한다.

— 갑작스러운 배변을 쉽게 할 수 있도록 편안한 옷으로 바꿔 입힌다.

— 공공장소라는 사실도 잊어버린 채 옷을 벗으려고 할 때는 화장실에 가고 싶은 욕구의 표현일 수도 있기 때문에 화장실에 데려간다.

— 화장실 문을 열어 놓아 용변을 편히 볼 수 있도록 도와준다.

— 뒤처리를 하고 난 후에는 아무 일도 없었던 것같이 행동한다.

— 설사를 하는 원인은 장벽의 병, 변비로 인한 완화제 사용, 날것을 먹거나, 상한 음식을 먹을 때 발생한다. 그러므로 환경에 세심한

125

주의를 기울여야 한다.

— 설사가 자주 일어날 때는 섬유류가 적은 음식을 주도록 한다.

— 기저귀를 갈 때는 누워 있는 사람에게는 손에다 양말이나 장갑 등을 쥐어 주어 신경이 손에 쓰이도록 한 후 몸을 옆으로 누이고 갈아 주도록 한다.

— 변실금이 걱정될 때에는 걸어 다니면서 변이 떨어지지 않도록 바지 끝에 고무 끈을 넣어 준다.

— 배설의 리듬을 알아보기 쉽게 하기 위하여 달력에 배설 기록을 하면 간호할 때 도움이 된다.

— 치매 환자는 기저귀를 해야 하는 이유를 알지 못하고, 밑이 지저분해서 기분이 나빠지면 빼내 버리기도 한다. 기저귀를 사용하는 것은 노인의 자존심을 상하게 함은 물론이고 피부염이나 욕창, 요도감염 등이 생기는 원인이 된다.

4. 치매 환자의 개인위생 관리

치매 환자가 비교적 초기에 보이는 변화 중의 하나가 위생관념의 변화이다.

— 환자의 이를 닦아 주거나 양치질을 스스로 하도록 유도하여 치주염을 막거나 충치를 예방해야 한다.

— 의치는 적어도 하루 한 번씩은 부드러운 솔로 문질러 붙어 있는

웃음으로 치매를 예방하라

불순물을 제거한다. 의치를 뺀 다음에는 입안을 헹구어 내 청결하게 한다.

— 손발톱은 주기적으로 짧게 깎아 준다. 손발톱이 길면 상처를 입기 쉽고 그 밑에 지저분한 때가 끼기 때문이다.

— 면도는 매일 할 필요는 없지만 턱수염 또는 콧수염에 음식물이나 콧물이 묻어 지저분해질 수 있으므로 짧게 관리하는 것이 좋다.

— 평소에 화장을 하던 여성 환자는 자존감을 높이도록 화장을 계속 하도록 도와주는 것이 좋다.

— 몸을 자주 씻어서 냄새가 나지 않도록 한다.

— 옷은 2~3일 간격으로 갈아입혀서 청결을 유지한다.

5. 치매 환자의 목욕 관리

치매 환자는 자신이 왜 목욕을 해야 하는지 그 이유를 이해하지 못한다. 특히 벌거벗고 있는 동안 자신에게 해가 가해질 것으로 오해할 수 있고, 욕조에 들어가 앉아 있는 것을 마치 벌을 서는 것으로 생각하고 거부하기도 한다. 치매 환자를 목욕시키기 위해서는 다음과 같이 해야 한다.

— 환자가 목욕하는 것을 주저할 때는 억지로 시키지 말고 연기하는 것이 좋다.

— 목욕탕에서 환자가 당할 수 있는 냉해, 화상 등의 여러 가지 안전

사고의 가능성을 항상 염두에 두어야 한다.

— 노인들은 나이가 들면서 피부의 탄력을 잃고 피부에 상처가 날 수 있다. 목욕은 일주일에 2회 정도 하는 것이 좋으며, 오래 하지 말고 10분 내외로 끝내는 것이 좋다.

— 목욕을 시킬 때에는 겨드랑이와 구석구석 상처가 나지 않도록 조심스럽게 잘 닦아 주어야 한다.

— 노인들의 피부는 매우 약하기 때문에 약한 비누와 피부 연화제를 사용하며 피부의 건조를 방지하기 위해 자극이 약한 로션 등을 발라 주는 것이 좋다.

— 목욕탕 바닥이 미끄러워 넘어질 위험이 있으므로 바닥에 고무매트를 깔아 두는 등 미리 혹시라도 일어날 사고에 대비하여 준비해 두는 것이 좋다.

— 목욕 후에는 물기를 완전히 닦아 내고, 파우더를 뿌려 주는 것도 좋다.

— 바닥은 문턱을 없애고 미끄러지지 않도록 주의한다.

— 간혹 치매 환자가 비누를 먹기도 하고 샴푸를 마시기도 하기 때문에 손에 닿지 않도록 옆에서 잘 지켜본다.

— 목욕은 치매 환자가 원하는 방법으로 해 주는 것이 좋다.

— 목욕을 시킬 때는 플라스틱 의자를 목욕탕 속에 놓고 앉히거나 변기 위에 환자를 앉힌 후에 샤워를 시키는 것이 편리하다.

6. 치매 환자의 체력 관리

말기 치매 환자는 신체적 장애가 생겨서 제대로 걷지 못하고, 아예 의자나 침대에서만 지내게 된다. 계속 그 상태로 둘 경우 결국 전신의 근육이 경직되며, 심할 때는 경련성 발작이나 근경련이 일어난다. 더 심해지면 꼼짝하지 않고 침대에 누워 움직이지 않는 상태에 이른다. 이런 상태가 되면 보호자나 간병인은 모든 것을 수발해야 하며, 대소변을 받아 내야 한다. 따라서 치매 말기라고 해도 근육이 경직되지 않도록 해야 하며, 거동을 할 수 있을 만큼 운동을 해야 한다. 치매 말기의 환자는 스스로 운동을 하기 어렵기 때문에, 가족이나 간병인은 운동을 시켜 주어야 한다.

1) 근육이 경직되었을 때

치매 환자가 침대에서 오랫동안 움직이지 않아서, 근육이 경직되었을 때에는 다음과 같은 마사지가 좋다.

— 손으로 근육이 풀어지도록 마사지해 준다.
— 손바닥으로 근육을 두드려 주며, 부드러운 솔로 피부를 문지른다.
— 손으로 근육을 쓰다듬어 준다.

2) 간단한 움직임이 가능할 때

관절을 움직이는 것이 가능한 환자에 다음과 같은 운동을 시키는 것이 좋다.

3부 치매 간병, 제대로 알기

— 관절을 움직이지 않은 상태에서, 온몸에 힘을 주었다 빼는 운동을
실시하게 한다.
— 누운 상태에서 팔다리를 구부렸다 펴고, 옆으로 움직이는 운동을
지속적으로 하도록 한다.

3) 스스로 스트레칭을 하지 못할 때

환자가 스스로 스트레칭을 하지 못할 때에는 다음과 같은 운동을
시키는 것이 좋다.

— 간병인이나 환자의 표정을 살피면서 스트레칭을 시켜 준다. 이때
환자가 고통스러운 표정을 지으면 멈추어야 한다.
— 환자가 누워 있는 상태에서 보호자나 간병인이 환자의 팔다리를
구부렸다 펴 주고, 옆으로 눕는 운동을 지속적으로 시켜 준다.

4) 기타

• 환자의 근력이 어느 정도 증가되어 균형을 잡고 앉아 있을 수
있다면, 스스로 일어나는 운동을 하도록 한다.
• 한쪽 다리를 번갈아 앞으로 내밀었다가 들이는 운동을 하도
록 한다.
• 어느 정도 훈련이 되면 걷기를 서서히 시행하며 이때 수중운동
은 체중 부담 없이 시행할 수 있는 운동이므로 권장할 만하다.

웃음으로 치매를 예방하라

치매 환자 간병 시 대처법

1. 치매 환자의 배회 행동 대처 방법

배회는 아무 계획이나 목적지 없이 돌아다니는 것을 말한다. 치매 환자의 배회는 기억력 상실이나, 시간과 방향감각의 저하로 인해 혼돈하거나 불안하여, 또는 배가 고프거나 화장실을 찾지 못할 때 이루어진다. 배회하다가 길을 잃을 수 있고 낙상이나 신체적 손상이 있을 수 있으므로 주의 깊은 돌봄이 필요하다. 배회에 대한 대비 방법을 보면 다음과 같다.

— 배회를 하는 환자를 위해서 안전하게 배회할 수 있는 공간을 만들어 준다. 예를 들어 바닥에 미끄러질 수 있는 물건을 제외하고, 문지방이나 전기 코드를 제거하고, 신체적 손상을 방지하기 위해 집

안에 있는 가구 모서리에 스펀지 등을 붙인다.

— 자기 전에 정기적으로 함께 산책을 하거나, 단순한 일거리를 만들어 주어 피곤하게 만들어 야간에 배회하는 증상을 줄이도록 한다.

— 배회 행동이 심한 노인에게는 바깥으로 나가지 못하게 해야 하며, 만일의 경우를 대비하여 노인의 이름과 연락처가 적힌 명찰을 옷에 붙이거나 연락처를 적은 팔찌를 착용하도록 해야 한다.

— 배회를 사전에 예방하기 위해 현관이나 출입문에 벨을 달아 놓아 출입하는 것을 관찰한다.

— 배회로 인한 가출 시는 가출인 신고센터 182번이나 관할 파출소에 신고한다.

— 밤에도 불을 켜 놓아 집 안을 어둡게 하지 않도록 한다.

— 고향이나 가족에 대하여 대화를 나눔으로써 정서적인 불안감을 줄여 배회하지 않도록 한다.

2. 치매 환자의 폭력적인 행동 대처 방법

치매 환자의 폭력적인 행동은 신체적으로 때리고, 밀고, 물건을 던지거나 꼬집고 발로 차는 행동이 있을 수 있으며, 언어적으로는 욕하기, 소리 지르기, 같은 말을 반복하기가 있다. 폭력적인 행동을 줄이려면 다음과 같이 해야 한다.

— 폭력을 행사하면 우선 상황을 피해 안전을 확보해야 한다. 그리고

웃음으로 치매를 예방하라

환자를 잠시 다른 곳으로 데리고 가서 흥분을 가라앉히도록 한다.

― 갑자기 치매 환자의 몸에 손을 대지 않는다. 말보다 앞서 몸에 손을 대거나, 보이지 않는 장소에서 갑자기 소리를 지르는 등의 행동을 할 경우, 치매 환자가 놀라 폭력적 행동으로 이어질 수 있기 때문에 몸에 갑자기 손을 대기보다는 말로 해결하도록 해야 한다.

― 몸을 갑자기 움직이지 않는다. 몸을 갑자기 움직이면서 치매 환자에게 간호를 하면 매우 두려워한다. 치매 환자가 보는 앞에서 몸을 천천히 움직이며 말을 하면서 도와드린다.

― 화나게 하지 않는다. 치매 환자를 화나게 하거나 반박하게 하는 일은 폭력을 불러일으킬 수 있다. 따라서 치매 환자를 귀찮게 하거나 화나게 해서는 안 된다.

― 귀찮게 하지 않는다. 치매 환자가 싫어하는데도 계속 질문하거나, 싫어하는 행동을 계속하면 폭력을 행사하기도 하기 때문에 귀찮게 하지 않는다.

― 무리가 될 만한 것들을 제거한다. 환자에게 폭력적인 성향이 있는 경우 근처에 위해가 되는 물건들을 놓지 말아야 하며, 무기가 될 만한 것들을 손에 닿지 않도록 한다.

― 폭력의 원인이 무엇인지 파악하고 원인을 제거한다. 치매 환자들은 자신이 하는 일을 방해받았다고 생각·하거나 무시당한다고 여길 때, 폭력적이 된다. 폭력적인 행동을 할 때 무엇 때문에 화가 났는지 파악한 후 원인을 제거해 주어 다음부터는 폭력이 발생하지 않도록 한다.

― 설득해야 한다. 아무 이유 없이 공격적이거나 난폭한 행동을 보이

면 상황에 대한 잘못된 이해 때문이므로 그렇게 해서는 안 되는 이유를 설명해 준다.

3. 치매 환자의 반복적인 행동 대처 방법

치매 환자는 거의 습관적으로 똑같은 행동이나 질문을 반복적으로 하는 경우가 많다. 반복적인 행동을 하는 이유는 자신의 안전을 확인하고 싶은 경우가 있고, 자신이 원하는 답을 구하지 못한다고 생각할 때, 또는 다른 사람의 관심을 끌기 위해서 나타날 수 있다. 반복적인 행동이나 말을 할 때 다음과 같이 대처해야 한다.

— 반복행동을 한다는 것은 환자가 원하는 것이 있다는 것이기에 따로 해결해 주어 짜증이나 화를 내지 않도록 한다.
— 반복행동의 원인이 무엇인지를 알아낸 다음 해결해 준다. 만일 원인을 해결해 주기 어려울 때는 대화로 어려운 이유를 설득한다.
— 반복적인 행동이 위험하지 않고 부적절하지 않은 경우엔 반복행동을 굳이 제한하지 않는다.
— 좋아하는 음식을 제공하거나, 과거에 있었던 즐거운 얘기, 고향 등에 대한 대화 등 좋았고 긍정적인 경험을 나누어 관심을 다른 데로 돌린다.
— 단순하게 할 수 있는 일거리(콩 고르기, 나물 다듬기, 수건 접기, 빨래 접기 등)를 주어 관심을 다른 데로 돌린다.

― 자신이 무엇을 할 수 있다는 심리적 안정과 자신감을 갖도록 도와
  준다.

― 걱정이 많은 경우 때로는 선의의 거짓말이 필요하다. 때로는 그런
  일은 전에도 있었는데 잘 해결되었다거나 가족이 해결해 주었다
  는 등의 글을 써 주어서 읽어 보고 안심할 수 있도록 돕는다.

4부

치매 예방을 위한
다양한 방법

치매를 예방하는 웃음 테라피

치매를 예방하는 10가지 습관

치매 예방은 충분히 가능하다. 뚜렷한 원인은 밝혀진 바 없지만 잘못된 생활습관 때문이라는 연구가 활발하게 이루어지고 있다. 일상생활에서 잘못된 습관이 이어지면 치매에 걸릴 확률이 높다는 것이다. 결국 올바른 습관을 유지하며 일상생활을 한다면, 치매 예방이 가능하다.

1. 좋은 생각을 하자

매사를 긍정적으로 보고 좋은 생각을 하다 보면 매사가 달라져 보일 것이다. 긍정적인 생각은 치매 예방에 매우 효과적이다. 좋은 생각은 뇌를 활성화시키기 때문이다. 좋은 생각과 긍정적인 행동은 서로 유기적으로 연결되어 있으므로 좋은 생각을 가지고 미래를 희망적으로 바라보아야 한다. 꿈을 가지고 늘 실천해 보자. 꿈이 있으면 반드시 치매가 나에게서 멀어질 것이다.

2. 나는 소중한 존재라는 것을 기억하라

사람마다 저마다의 역할이 있기 마련이다. 이 세상에 필요 없는 것은 아무것도 없다. 다 필요해서 세상에 나온 것이다. 쓸모없는 존재라는 생각을 바꿔야 한다. 나는 이미 사랑받기에 충분한 존재라는 사실을 인정하라. 행복은 감사에서 시작된다.

3. 스트레스를 좋은 자극으로 받아들여라

살면서 스트레스를 전혀 받지 않는 건 어렵다. 그렇다면 살아가는 한 영원히 받게 될 스트레스를 어떻게 관리할 것인가? 흔히 스트레스는 무조건 나쁘다고 생각하지만 좋은 유스트레스(eustress)도 있다. 좋은 스트레스는 자기를 성장시키고 변화시키며, 면역력을 증가시키고 세포의 활성도를 높이고 나쁜 스트레스 반응을 없애 준다.

또 하나는 나쁜 디스트레스(distress)다. 이 나쁜 스트레스는 신경전달 물질인 세로토닌 작용을 감소시키고 강박증 · 우울증 · 불안증 · 불면증을 가져온다. 또한 해마의 수가 감소하고 위축되므로 더

4부 치매 예방을 위한 다양한 방법

불어 뇌의 노화가 빨라진다. 지속될 경우 기억장애와 인지장애를 동반한 치매가 올 수 있다.

배우자와의 사별, 사랑하는 사람과의 이별, 실패, 신체적 질병으로 인해 치매가 발병하기 쉽다.

4. 부정적인 생각을 하지 마라

긍정적인 삶을 살기 위해서는 부정적인 생각에서 벗어나려는 노력이 필요하다. 그러기 위해 생각과 감정을 바꾸는 노력이 필요하다. 좋은 음악을 듣고, 긍정적인 삶의 태도를 가지며 나는 소중한 존재임을 알아야 한다. 나 자신을 사랑하자. 그래야 남도 나를 소중히 생각한다.

어느 날 문득 내 모습이 너무 한없이 쓸모없고 작게 느껴진 적이 있었다. 그즈음해서 암이 찾아왔던 것 같다. 매사에 짜증내고 부정적이고 사는 것 자체가 싫었다. 그것을 깨닫고 난 후 웃음과 치매 레크리에이션에 대한 공부를 시작했다. '잠자는 뇌'가 아닌 '깨어 있는 뇌'를 만드는 작업을 시작했다.

5. 호기심은 뇌를 위한 가장 좋은 영양분이다

뇌가 가장 활발하게 움직이는 상황은 언제 일어나는가? 뇌 과학

웃음으로 치매를 예방하라

자들의 연구에 의하면, 새로운 상황과 직면했을 때를 꼽는다. 인식 체계가 미처 경험하지 못한 분야와 마주하면 뇌는 적극적으로 활동을 시작한다. 새로운 상황을 이해하고, 대처할 방도까지 궁리해야 하므로 자연스럽고도 당연한 결과이다. 따라서 뇌를 젊게 하는 비법은 새로운 상황과 의도적으로 마주하는 것이다. 특히 호기심에 주목할 필요가 있다.

호기심을 갖는 건 평소보다 한층 더 활발히 뇌를 사용하는 것이다. "이 나이에 배워서 뭐에 써먹겠어?" "그냥 생긴 대로 살다 갈련다." "배운다고 제대로 배워지겠어?" 지레 마음의 문을 닫아 놓은 경우를 흔히 목격하게 된다. 기회가 없어서도, 잠재된 능력이 부족한 탓도 아니다. 의욕을 스스로 꺾어 놓기 때문이다. 문제는 단지 의욕 상실에만 머물지 않는다는 점이다. '잠자는 뇌'를 만들어 치매에게 문을 활짝 열어 주게 된다.

6. 몰입으로 인한 행복감으로 뇌에 활력을 주자

호기심이 제아무리 많더라도 실천으로 옮겨지지 않으면, 무용지물이다. 생각에 맞춰 실제 행동으로 옮길 때 뇌는 왕성하게 활성화된다. 천성적으로 호기심이 없다고 말하는 이들도 있다. 이는 호기심이 없는 것이 아니라, 호기심을 실천할 용기가 없을 따름이다. 잊지 말자. 무엇인가를 알고 익히려는 자세, 즉 지적 호기심의 실천은 뇌를 위한 가장 좋은 영양분이다.

긍정심리학자 미하이 첵센트미하이는 행복의 핵심 요소로 '몰입'을 꼽았다. 인생의 순간순간 충분히 몰입을 할 때, 충분한 행복감을 느낀다는 것이다. 몰입이란 지금 하고 있는 일에 푹 빠져 있는 상태를 일컫는다.

그런데 만약 익숙한 것이라면 몰입의 문을 열고 들어갈 수 없다. 호기심이 발동할 만큼 새로운 세계일 때 몰입의 경지에 도달할 수 있다. 예컨대 당구를 처음 배울 때, 잠자리에 누워서도 천당이 당구대처럼 보인다고 한다. 새로운 것에 자연스레 몰입하게 되기 때문이다.

정리하자면 이렇다. 새로운 것은 몰입의 세계로 안내한다. 몰입은 행복감을 느끼게 한다. 행복감은 곧 뇌에 활력을 준다. 그러므로 호기심을 발동해 새로운 세계를 접하는 것은 청춘의 뇌, '깨어 있는 뇌'로 만드는 지름길인 셈이다.

7. 배움을 멈추지 마라

배움에 나이를 한정시킬 필요는 없다. 새로운 육체적 활동을 시작하는 것 역시 청춘의 뇌로 만드는 훌륭한 방법이다. 쉽게 접할 수 있는 레크리에이션도 좋다. 특히 이것은 손발을 많이 움직이게 되고 순서를 외워야 하기에 효과가 뛰어나다. 손발을 움직이는 건 뇌를 움직이는 것과 같기 때문이다. 악기를 배우는 등 예술적 활동의 기회를 갖는 것도 바람직하다.

나이 들었다고 주저앉을 일이 아니다. 나이 들어 새로운 일을 시작해 활기찬 인생을 펼친 사례는 무수히 많다. 오히려 나이가 들수록 배움은 필요하다. 배움의 실천이야말로 청춘의 뇌로 만들어 주기 때문이다. '깨어 있는 뇌' 속에는 치매가 감히 끼어들 틈이 없다. 즐거움, 웃음, 밝음은 전염이 된다. 미국의 긍정심리학자들이 밝혀낸 바이다. 긍정적 심리는 긍정적 행동으로, 긍정적 행동은 행복을 이끌어 내기 때문이다.

8. 자신을 치장하는 것만으로도 뇌가 활성화된다

무기력은 치매로 가는 지름길이다. 치매 예방을 위해 젊게 살려는 노력이 필요하다. 생각뿐만 아니라 행동거지도 젊어지려는 노력이 치매와 멀어지게 한다. 복장부터 신경 써라. 축 늘어진 추리닝이나 잠옷 차림은 금물이다. 가능하면 젊은 스타일로 입는 게 좋다. 생기가 넘치는 밝은 색상의 옷이 좋다.

여성의 경우 화장을 안 하고 민낯으로 지내는 시간이 많다면, 화장을 해 보자. 화장은 여성의 마음을 설레게 한다. 그리고 이 설렘은 치매를 예방하기도 한다. 우울증 환자에게 화장을 하게 하면, 밖으로 나가고픈 충동을 불러일으킨다. 이렇게 사소한 행동만으로도 뇌 활성화가 이뤄진다.

9. 치매 예방을 위해 외부 활동을 하라

이혼한 남자는 그렇지 않은 남자에 비해 10년이나 수명이 짧다고 한다. 그리고 65세 이상 집 안에만 틀어박혀 있는 사람은 외부 활동을 활발히 하는 사람에 비해 사망률이 무려 3배나 높다고 한다. 남자의 뇌는 단순하다. 단순한 뇌가 치매에 노출될 위험이 크다. 그러므로 단순한 뇌가 자극을 받아 끊임없이 활동하도록 도와줘야 한다.

10. 칼슘과 비타민D를 섭취하자

왜 치매 환자 중에는 여자가 더 많은가? 치매 환자 중 여성이 70퍼센트, 남자가 30퍼센트이다. 여성들은 남성들에 비해 평균 수명이 훨씬 길다. 그렇다 보니 자연스러운 결과이기도 하다. 여성의 신체적 변화를 보면, 갱년기 이후 여성 호르몬이 부족해진다. 난소는 여성호르몬을 분비해 주는 중요한 역할을 하는 곳인데 여성호르몬이 제대로 분비되지 않아 균형이 깨지면 몸속에 많은 변화가 오게된다.

여성호르몬의 분비를 지시하는 것이 바로 뇌의 시상하부이다. 여성호르몬과 밀접한 관계가 있는 폐경기와 갱년기를 겪으면서 여성들은 심신의 많은 변화와 고통을 받게 된다. 뇌 시상하부의 무리로 인해 자율신경계를 조절할 수 없게 되기 때문이다. 바로 여성호르몬의 부족에서 그 이유를 찾을 수 있다.

남자들은 선천적으로 혈관이 튼튼하다. 어느 정도 내구성을 지닌 셈이다. 그에 비해 여성들은 여성호르몬이 혈관을 보호해 주는 역할을 했다. 여성호르몬이 부족해지면 당연히 혈관 보호 능력이 떨어진다. 갱년기에 이른 여성에게 혈관으로 인한 질병이 많은 이유가 여기에 있다.

여성호르몬의 분비가 원활치 못한 까닭에는 여러 가지가 있다. 불규칙한 생활습관, 운동 부족, 수면 부족, 비만, 과도한 다이어트 등을 꼽을 수 있다. 우선, 생활의 습관을 고치는 것이 호르몬 결핍을 막는 방법이다. 여성호르몬 결핍의 이유 중 하나가 칼슘이다. 몸에 칼슘이 부족하면 141가지의 병에 노출되는 연구 보고가 있듯, 칼슘 부족은 갱년기 여성에게 치명적 독이 된다.

우선 칼슘이 부족한 여성은 신경전달 체계에 장애가 생긴다. 당연히 사고력과 기억력에 어려움을 겪는다. 의사들이 치매 예방의 일환으로 칼슘 섭취를 권장하는 이유가 여기에 있다. 우유, 치즈, 요구르트 같은 유제품에 칼슘 함유량이 많다. 실제로 일본에서 실시한 조사 자료에 의하면, 유제품을 꾸준히 섭취한 사람들은 골절상을 당하지 않는 것으로 드러났다.

멸치, 뱅어포, 미꾸라지, 전어, 장어, 정어리 등에도 칼슘이 많이 들어 있다. 특히 이러한 생선에는 DHA와 EPA 등의 불포화지방산이 많아 혈관 건강에 탁월한 효과를 보인다. 칼슘이 풍부한 채소 섭취도 필요하다. 무말랭이, 고구마 줄기 등에는 비타민D까지 함유되어 있다. 비타민D는 칼슘의 흡수를 촉진시키니 일거양득인 셈이다.

비타민D가 부족하다 보면 면역력이 떨어진다. 당뇨병에 노출되기 쉽고, 우울증, 심뇌혈관 등 건강에 적신호가 켜지게 된다. 비타민 D는 근육을 건실하게 만들어 평행감각을 유지시켜 준다. 또 골절 예방을 돕는다. 나이가 들면 자주 넘어지고, 젊었을 때와 달리 넘어지면 큰 사고로 이어지는데, 이는 비타민D 부족 때문이다.

비타민D는 대부분 우리가 자외선에 노출되었을 때 피부에서 만들어진다. 그런데 여성들은 자외선 차단제를 많이 사용한다. 따라서 비타민D 부족 현상은 남성보다 여성에게서 훨씬 많이 나타난다. 남성보다 여성이 비타민 D가 풍부한 음식물을 더 많이 섭취해야 하는 이유이다.

호르몬 결핍에는 심적인 요인도 중요하다. 스트레스 영향을 가장 많이 받는 곳이 또한 시상하부이다. 호르몬분비의 관제탑인 시상하부가 스트레스로 인해 타격을 받으면 호르몬의 분비에 문제가 생기기 때문이다.

웃음으로 치매를 예방하라

치매 예방을 위한 심리치료

1. 미술치료(art therapy)

1) 미술치료의 정의

1800년대와 1900년대 초 유럽에서 정신병리 진단의 보조도구로 사용된 미술치료는 산업화의 발달로 인해 인간성 상실이 사회적 문제화되면서 본격적으로 연구되었다. 미술이라는 매체를 통한 심리적 · 정서적 갈등을 완화시켜 원만하고 창조적으로 살아갈 수 있도록 도와주는 미술심리치료법이다.

미술심리치료법은 미술창작 활동을 통해 개인의 심리 상태나 정서 상태를 파악하고, 갈등관계의 심리적 · 정서적인 요소들을 조화롭게 해결하도록 도와줌으로써 병리적인 정신구조의 재편성뿐만 아니라 심리적인 갈등 완화를 돕는다.

2) 미술치료의 방법

미술치료는 지금까지 나와 있는 심리치료법 중에서 가장 많은 연구와 임상결과를 가지고 있는 분야다. 미술치료는 원래 미술적 표현방법과 치료라는 영역이 합쳐지면서 이론이 정립되었다. 따라서 미술치료는 예술치료, 예술요법, 미술치료, 회화요법 등으로 불린다.

미술치료의 진단 방법으로 회화방법 · 묘화요법 · 그림요법 등 다양하게 사용되고 있으며, 표현 방법으로는 그림 · 조소 · 디자인 · 서예 · 공예 등으로 사용할 수 있다. 때문에 다른 치료에 비해 다양하게 활용되고 있어 내담자의 상태를 객관적으로 보는 데 효과적이다.

3) 미술치료의 목적

미술치료의 목적은 인간 개인이 가진 사회적 상호관계에서 어려움에 처한 정서적 불안이나 삶의 어려운 상황을 표출하고, 때로는 개인의 내면적인 문제점을 발견하고 해결하여 건강한 사회생활을 영위할 수 있도록 돕고, 때로는 개인의 무의식을 탐구하는 데 있다.

4) 미술치료의 내용

- 나의 손 표현하기(색칠하고 꾸미기)
- 나의 감정 만다라 표현하기(색칠하기)
- 자랑스러운 나의 얼굴 살펴보기(콜라주)
- 사랑스러운 나의 손자국 칭찬하기(점토공예)
- 내게 주는 선물 목걸이 만들기(나무공예)
- 함께하는 즐거움 느끼기(크레파스 협동화)

웃음으로 치매를 예방하라

- 추억을 되새겨 보며 우리들의 행복했던 시간 표현하기(한지공예 협동화)
- 감사의 마음을 담아 카드 꾸미기(색종이)

5) 미술치료의 효과

- 노인이 그린 그림 속에는 자신만의 감정과 생활을 반영한 비언어적 표현이 감추어져 있다. 따라서 자유로운 그림 표현을 통해 치매 환자는 어려움 없이 자신의 속마음을 거부감 없이 내놓는 동시에 언어가 주는 표현의 어려움과 두려움의 완충제 역할을 해 주기 때문에 우울증을 감소시킨다.
- 치매 환자가 가질 수 있는 불행한 자기감정이나 고독감을 창조적인 미술치료 활동을 통해 감소시킬 수 있다. 노인은 결과물을 보며 자신이 성취하였다는 뿌듯함과 기쁨을 누리게 되는데, 이러한 감정은 자기 효능감을 갖게 함으로써 삶에 대한 긍정적인 시각을 가지도록 한다.
- 붓이나 펜 등의 미술도구를 사용하면 노인의 굳어진 소근육을 사용하게 하므로 신체적으로도 건강에 도움을 준다.
- 미술은 평면적이고 입체적인 활동을 통해 시각적 집중력과 발을 도와줌으로써 공간지각능력을 높인다.
- 미술치료 활동을 집단으로 하면 치매 환자가 집단구성원으로서 소속감을 가지고 집단의 공통적 어려움을 공유하게 된다. 또한 자신의 행동을 집단의 피드백을 통해 알게 되므로 타인에게 미치는 행동에 관심을 가지면서 자기 내면의 감정 변화에

따른 행동 변화에 영향을 미친다.

- 타인에게 자신을 표현하는 데 어려움을 가진 내담자는 그림이라는 매체를 통해 의사소통할 수 있으므로 좀 더 쉽게 대인관계를 형성할 수 있다.
- 합동으로 작품을 만드는 미술 활동에 참여하면 협동의식을 통해 감정의 감정을 인식하고 이해함으로써 적절한 대인관계를 개선시킬 수 있다.

6) 미술치료의 강점과 한계점

- 강점: 미술치료의 강점은 미술치료가 비언어적인 요소에 집중하므로 말로 표현하기 어려운 감정이나 경험을 표현하는 데 도움을 준다는 점이다. 또한 창작물을 통해 자아성찰이 이루어지므로 개인의 내면적인 삶과 심리적인 고통을 탐구할 수 있다는 강점이 있다. 미술치료는 참여자가 활동을 통해 직접적으로 참여가 이루어지므로 참여감과 자기 결정권을 존중하는 접근 방식을 가진다. 이것은 자신감을 회복하거나 개인적인 목표를 이루는 데 도움을 줄 수 있다.
- 한계점: 참여자가 미술적 기술을 소유하고 있어야 하므로 참여에 제한이 있을 수 있다. 또한 아직 확실한 연구와 검증이 되어 있지 않아 병원과 클리닉에서 진행되므로 개인정보와 프라이버시를 보호해야 한다는 한계가 있다.

2. 음악치료(music therapy)

1) 음악치료의 정의

음악치료는 환자의 건강을 회복시키기 위하여 음악이라는 매개체를 통하여 개인이 가진 문제를 해결하고 변화를 이끌어 내는 치료적인 과정을 말한다. 음악치료의 대상은 정신분열증환자, 약물중독, 성격장애, 우울증 환자, 정신 발달 관련 장애를 가진 사람, 알츠하이머병 등 노화와 관련된 질병을 가진 사람, 후천적인 외상으로 고통받는 사람, 뇌손상을 입은 사람, 육체적 질환으로 만성적인 고통을 가지고 있는 사람 등이 음악치료의 대상자가 되며, 건강한 사람도 음악치료의 혜택을 받음으로써 삶의 질을 높일 수 있다.

2) 음악치료의 방법

음악치료의 표현 방법은 음악 듣기, 연주하기, 춤추기 등으로 이루어진다. 음악이 치료적 도구로 사용되는 이유는 음악은 인간행동이며, 리듬은 조직자이며 에너지의 원천이고, 시간의 흐름 속에 존재되는 구조적인 현실이며, 장소와 사람의 수에 크게 구애받지 않으면 자유롭게 적용될 수 있기 때문이다. 음악은 정보 운반, 학습, 자극을 유도함으로써 환자의 내면세계를 열리도록 하여 환자의 경향·선호도·친숙함·현재의 기능을 파악하여, 음악을 통한 의미 있는 경험이 일어날 수 있는 환경을 만들어 낸다.

3) 음악치료의 효과

- 노래는 여러 시대의 인생을 반영하고, 노인은 노래를 통해 지나간 그 시절의 일을 회상하게 된다. 따라서 시대별로 유행했던 친숙하고 익숙한 노래를 들려줌으로써 회상을 통해 장·단기 기억을 자극하여 젊어서 좋아했던 노래나 음악을 감상하며 회상력과 장기기억력을 증진시킨다.

- 음악은 기억과 정서를 자연스럽게 자극하기 때문에 치매 환자의 마음을 편안하게 이완시키는 데 효과적으로 사용될 수 있으며, 사회적 관계 증진과 성취감을 갖게 하여 삶의 존재가치를 높일 수 있다.

- 그룹 활동으로 노래 부르기를 하면 표현을 통해 서로 교감하면서 사회 통합감을 높인다.

- 간단하고 반복적인 음악을 들려주면 음악을 듣기 위해 집중력과 주의력이 강화된다.

- 타악기 연주는 신체 기능이 저하된 노인에게 있어 감각운동을 도울 수 있다. 또한 연주 과정에서 신체로 전달되는 촉각적 반응과 음색과 공명 등의 청각적 반응을 경험할 수 있다.

- 악기를 연주하면 상지의 소근육 운동 능력을 향상시킬 뿐 아니라 신체 움직임의 강화로 신체 재활에도 효과적이다.

- 타악기 연주 활동은 노인의 우울감을 감소시키고 자존감과 자기만족감을 상승시켜 긍정적인 언어를 사용하는 효과를 가져온다.

4) 음악치료의 활용

① 우울할 때

우울 상태에 빠져 있을 때는 경쾌한 음악에 대한 거부반응을 일으키기 쉽다. 하지만 우울한 음악은 자신의 기분과 맞기 때문에 쉽게 동조하게 된다. 우울할 때 먼저 어둡고 슬픈 음악을 듣는 것은 '동질성의 원리'에서 비롯되는 치료 효과를 기대할 수 있다. 현재의 감정 상태와 공감이 될 수 있는 음악을 먼저 들려주고, 그 감정을 충분히 승화시킨 후 밝고 경쾌한 음악을 들게 되면 우울증에서 벗어날 수 있다.

② 불면증이 심할 때

불면이 계속되면 피로 누적 및 눈의 충혈 등 육체적인 질병의 초기 증상이 나타나게 된다. 무엇보다 불규칙한 생활을 조절하면서 심신을 안정시켜 줄 수 있는 조용하고 편안한 곡을 듣는다. 처음에는 자장가나 야상곡같이 단순하고 반복적인 음악으로 시작한다. 약간 크다 싶을 정도의 음량에 몸을 내맡겨 보다가 조금씩 안정되는 느낌이 들면 볼륨을 줄인다.

③ 불안할 때

불안할 때는 깊은숨을 통해 긴장을 풀어 주면서 편안한 음악을 듣게 한다. 음악은 왈츠와 같이 가벼운 춤곡이나, 자연의 아름다움을 묘사한 경쾌한 곡들이 추천할 만하다. 볼륨은 너무 크지 않는 쪽이 좋다.

3. 독서치료(biblio therapy)

1) 독서치료의 정의

독서치료는 문헌정보학 분야에서는 상당히 오래된 개념으로, 책을 뜻하는 그리스어 'biolion'과 치료를 뜻하는 그리스어 'therapia'에서 유래되었다. 간단하게 독서 자료를 읽거나 들은 후에 토론이나 역할놀이, 창의적인 문제 해결 등의 과정을 거치고, 독서 자료로부터 문제에 대한 통찰력을 이끌어 내도록 돕는 것이다.

즉, 독서치료는 자기이해를 기반으로 인식과 통합의 요소를 담고 있다. 발달이 부족하거나 심각한 문제를 가지고 있는 내담자를 대상으로 다양한 문학작품들을 매개로 하여 치료사와 일대일이나 집단으로 토론, 글쓰기, 그림 그리기, 역할극 등 여러 가지 방법의 상호작용을 통해서 자신의 적응과 성장 및 당면한 문제들을 해결하는 데 도움을 얻는 것을 말한다.

2) 독서치료의 방법

독서치료는 참여자의 자발적 독서가 중요한 요소이기 때문에 기본적으로 인간을 자율적 의지를 가진 존재로 인식하는 데서 출발한다. 독서치료와 다른 독서와의 차이는 책을 읽은 후에 구체적인 활동이 반드시 함께 일어나야 한다는 것이다. 독서치료연구학회에서는 독서치료를 발달적 독서치료, 임상적 독서치료로 나눈다.

발달적 독서치료는 사람이 정상적인 일상의 과업에 대처하기 위해 문학작품을 활용하는 것이다. 예를 들어, 치매에 대한 교육을 직

웃음으로 치매를 예방하라

접 듣는 것보다 치매와 관련된 책을 읽으면 치료의 의미보다 전체적인 발달을 도울 수 있다는 것이다.

임상적 독서치료는 정서적으로나 행동 면에서 심하게 문제를 겪고 있는 사람들을 도와주는 개입의 형태로서 특별한 문제에 초점을 둔다. 예를 들어, 치매 환자에게 또래 관계, 가족 관계뿐만 아니라 심지어 치매 환자의 문제행동을 치료하는 방법이 되기도 한다.

독서치료에 사용되는 독서 자료에는 문학작품, 인쇄된 글, 영화나 비디오 같은 시청각자료, 자신의 일기 등 내담자 자신의 작품 등이 있다. 독서치료에서의 진단은 독서 자료를 읽은 후에 토론, 글쓰기, 그림 그리기, 역할극 등의 여러 가지 방법의 상호작용 등이 있다.

4. 이야기치료(narrative therapy)

1) 이야기치료의 정의

이야기치료는 어떤 사물이나 사실, 현상에 대하여 일정한 줄거리를 가지고 말하는 것으로 치료하는 것을 말한다. 이야기치료는 어떤 예상이나 선입관도 없이 자신의 경험과 상상력을 활용하여 다른 사람이 언어화한 경험을 해석하려고 노력하는 데서 치료가 이루어진다. 다시 말하면, 이야기치료는 자신의 경험에 의미를 부여하는 해석 과정 자체에 초점을 둔다고 할 수 있다.

2) 이야기치료의 특징

이야기치료는 이야기에 사람을 변화시키는 힘이 있음을 전제로 한다. 따라서 이야기치료는 내담자와 치료사가 직접 대화를 통해 이야기를 만들어 가는 과정을 통해 치료를 한다. 언어에 의존하고 있는 이야기치료가 효과를 얻기 위해서는 내담자가 사용하는 언어가 치료자가 이해할 수 있는 것이어야 한다. 그래야 치료자는 내담자의 이야기를 듣고 수용할 수 있으며, 그에 맞는 치료를 제공할 수 있기 때문이다.

이야기치료의 목표는 문제 해결보다 내담자가 자신의 경험을 이야기하면서 스스로 자신이 가지고 있는 문제를 깨닫고, 문제 해결의 실마리를 찾을 수 있도록 도와주는 데 의미가 있다. 더 나아가 치료자가 내담자에게 다양한 문제 해결 방안을 제시해 주면 내담자는 그중에서 가장 합리적인 것을 선택할 수 있도록 도와주어야 한다.

3) 이야기치료의 효과

- 개인이 가지고 있는 문제를 해결해 준다. 노인 자신이 가지고 있던 문제를 자연스럽게 이야기하다 보면 풀리게 되는 경우가 많다.
- 스트레스가 해소된다. 평소에 제대로 표현하지 못했던 것을 충분히 표현하면 스트레스가 해소되면서 시상하부와 교감신경계가 안정돼 혈액순환을 비롯한 각종 신진대사가 안정적으로 이루어진다.
- 친밀감을 제공한다. 다른 사람들에게 자신의 이야기를 하다 보

웃음으로 치매를 예방하라

면 서로 이해심이 많아지고 인간관계도 좋아진다.

- 이야기치료는 사람들에게 말을 할 수 있다는 것만으로도 외로 움에서 벗어날 수 있고, 우울증에서 벗어날 수 있다.
- 이야기치료는 비용이 전혀 들지 않고 어디서든 할 수 있어 매 우 효율적인 치료법이다.

5. 글쓰기치료(journal therapy)

1) 글쓰기치료의 정의

글쓰기치료는 정신적·육체적·정서적·영적으로 더 나은 건강 과 행복을 위하여 반성적인 글쓰기를 사용하는 치료 방법이다. 그러 나 아무 글이나 쓴다고 해서 치료 효과가 있는 것은 아니다.

2) 글쓰기치료의 방법

글쓰기치료를 하려면 내담자에게 상처가 되었던 과거의 사건을 글로 자세히 묘사하고 그때 느꼈던 감정과 그 사건을 보는 현재의 느낌을 함께 쓸 때 치료의 효과가 커진다. 글쓰기를 할 때 꼭 이야기 되었어야 할 사건들이 전개되면서 거기에 얽혀 있던 모호한 감정이 의미 있는 감정으로 재구성된다.

글쓰기를 통해 감정과 사건, 지금의 감정과 그때의 사건을 통합하 는 과정을 거치면서 감정을 다스릴 수 있어야 치료가 된다. 글쓰기 치료는 표현예술치료 쪽에서도 활용되고 있고 미국에는 매우 활성화되어 있다. 글쓰기치료에는 서신왕래, 일기 쓰기, 창의적 글쓰기, 시, 구조화된 글쓰기, 수필 쓰기 등의 방법이 있다.

3) 글쓰기치료의 주의사항

문법이나 작품의 완성도를 보는 것이 아니라 내담자의 경험과 내면의 감정을 솔직하게 표현하는 데 초점을 두어야 한다. 글쓰기치료는 조금만 지도를 받으면 매우 값싸고 시공간의 제한이 없다는 장점이 있지만, 내담자의 상처를 반복해서 자세히 꺼내기 때문에 고통을 줄 수 있다는 단점이 있으니 주의해야 한다.

4) 글쓰기치료의 효과

- 글을 쓰는 동안 생각을 하기 때문에 감정 충돌을 완화시켜 주고 자기 효능감을 높여 준다.
- 글을 쓰면서 반성적인 사고를 하고 문제 해결 능력 또한 향상된다.
- 글을 쓰는 일에 몰두해야 하기 때문에 집중력이 높아지며 우울증이 감소한다.
- 글쓰기를 완성했을 때 성취감을 느끼며 자기효능감도 증진된다.
- 노인이 일기를 쓰면 학습 및 기억 능력, 주의집중력, 성격 및 정서 기능, 언어 관련 능역, 시공간적 지각 및 구성 능력, 실행 기능 등의 중요한 인지기능이 유지되고 향상된다.
- 감수성이 풍부해지고, 하루 일과를 정리함으로써 계획성 있는 생활습관을 유지할 수 있다.

6. 시치료(poetry therapy)

1) 시(詩)치료의 정의

시(詩)는 꿈과 같이 인간의 무의식에 가장 가까운 언어로, 시의 이미지, 상징, 리듬, 운율 같은 요소가 우리 내면세계로 통하는 문과 같은 역할을 한다. 이러한 의미에서 시치료는 문학작품 중에서 주로 시를 가지고 치료를 하는 것이다. 따라서 독서치료보다 그 매체가 한정되어 있지만 미국에서는 거의 독서치료와 동의어로 쓰일 정도로 대중적이다.

2) 시(詩)치료의 방법

독서치료에서도 시를 치료에 사용하는데, 이는 용도가 다르다. 즉, 독서치료에서 사용하는 시는 심미성에 초점을 맞추는 것이 아니라 내담자의 내면의 세계를 표현하는 데 관심이 있다. 반면에 시(詩)치료에서 사용하는 시는 내담자의 가장 깊은 내면을 시의 형태로 표현하도록 도와서 카타르시스와 통찰이 일어나도록 하는 것이다. 시(詩)치료의 과정을 보면 시를 통해 내담자는 자신을 객관적으로 표현하고 그 속에서 자신을 돌아볼 수 있는 것이다.

시(詩)치료의 대상은 특별히 정해져 있지 않지만 외롭거나 대인관계가 제한되어 있는 환자에게 효과적이다. 특히 전에 시를 써 봤거나 좋아했던 사람에게 더욱 적합하다. 그러나 자신의 생각이나 감정을 꺼내 놓는 것을 좋아하지 않는 환자에게는 도움이 되지 않는다. 특히 기질적 정신장애 환자나 반사회적 인격장애, 급성정신병 환자에겐 시치료를 적용시키지 않는 것이 좋다. 시(詩)치료에 나오는 시는 문학적 작품성이 중요한 것이 아니라 감정 표현이 잘 이루어졌는지를 판단하고, 감정 공유가 잘 이우러지는지를 관찰하는 일이 중요하다. 시를 쓰든지, 잘 알려진 시를 읽든지, 치료시를 처방하든지 간에 환자로 하여금 그 자신을 더 잘 내보이도록 하는 데 중점을 준다.

3) 시(詩)치료의 효과

- 시작품은 이미지(심상)나 느낌을 자극해서 감정을 불러일으키고 정서적으로 풍부하게 해 준다.
- 시로 인해 일상생활 중의 아름다움을 느끼게 되어 자기 자신을 제대로 인식함으로써 자기 효능감을 증가시킨다.
- 시에 대한 이해를 하다 보면 자기 자신에 대한 이해가 증진되어 우울증에서 벗어날 수 있다.
- 시에 나오는 다양한 소재를 이해하는 것은 자신을 관대하게 만들고, 대인관계를 증진시킨다.
- 일상적으로 만날 수 있는 구체적인 대상들을 시작품에서 접하면서 구체적인 이미지와 정보를 현실에 적응하는 능력이 높아진다.

7. 요리치료(cooking therapy)

1) 요리치료의 정의

요리치료는 신체적 · 정신적인 문제를 극복하고 해결하는 데 도움을 주며 개인의 성격장애, 노인질환, 정신지체, 정신질환, 발달장애, 신체장애, 행동장애 등 다양한 정신적인 외상들에 요리활동을 활용하는 것이다. 이를 통해 개인이 지니고 있는 긴장과 불안을 해소할 수 있다.

2) 요리치료의 방법

요리를 하는 과정으로 만들어진 요리가 심리치료가 가능한 것은 우리 내면의 정신세계와 외면의 현실세계를 구체적으로 표현해 주고, 또 그것을 먹을 수 있기 때문에 다른 어떤 치료에 비해 강력한 치료적 성격을 가지고 있다.

과거에는 먹고 살기 위한 생존을 위한 요리였으나, 지금의 요리는 인생을 즐기기 위한 방편으로 여긴다. 따라서 요리는 그 자체로 인간에게 영원히 흥미를 줄 수 있으며, 생존을 위해 누구도 빗겨 갈 수 없는 것이다. 요리는 누가 가르치지 않아도 기본적으로 습득하는 기능이기도 하고, 취미나 특기 그리고 직업으로서도 각광받고 있는 분야이기도 하다. 결국 요리치료는 개인적으로 다들 흥미를 가지고 있기 때문에 즐거운 분위기에서 적극적으로 이루어진다는 점에서 쉽게 접근할 수 있는 교육이자 치료이다.

요리치료를 통해 심리치료를 할 수 있는 이유는 요리는 인간의 생리적 욕구를 충족시키는 중요한 통로이며 생활의 한 부분이기 때문이다. 더욱이 매일 먹는 요리 재료들은 자신의 심상을 표현해 놓은 것이기도 하다. 요리는 자신의 상상력과 경험을 바탕으로 이루어진다는 점에서 다른 치료와 근본적으로 다르다고 할 수 있다.

3) 요리치료의 진단

- 요리치료 활동을 하면서 대근육의 발달 정도와 근력 상태를 진단할 수 있다.
- 요리치료를 통해 노인의 언어능력 수준을 진단할 수 있다.
- 요리치료를 통해 노인의 인지능력을 진단할 수 있다.
- 요리치료를 통해 노인의 사회적 능력을 진단할 수 있다.
- 요리치료를 통해 노인이 정서 상태를 진단할 수 있다.
- 요리활동 자체가 진단의 대상이 될 수 있다.

4) 요리치료의 효과

요리치료에는 노인의 기쁨·슬픔·불안·좌절·공포·분노 등 모든 감정이 표현되는데, 이러한 감정 표출을 통해 노인의 정서 부적응이나 기타 문제행동이 자연스럽게 치료된다. 요리치료를 통해 노인의 문제행동을 치료할 수 있는 내용을 구체적으로 살펴보면 다음과 같다.

— 자신이 가진 문제의 불안과 긴장을 해소시킨다. 요리치료의 이론적 근거는 노인이 요리치료를 통해서 자연스럽게 자신의 심리적 문제를 표현한다는 데 있다. 즉, 심리적으로 문제를 지닌 노인에게 요리치료를 시키면 노인은 스스로 자연스럽게 요리치료를 통해 자신의 문제를 표현하면서 문제의 불안과 긴장을 해소시킨다.

— 자신이 가진 문제를 스스로 극복하게 해 준다. 차츰 자신의 문제에 대한 통찰력을 갖게 되는데, 이러한 통찰은 노인에게 좀 더 긍

웃음으로 치매를 예방하라

정적이고 적극적인 방향으로 문제에 대응하도록 이끌어 줌으로써 결과적으로 문제를 스스로 극복하게 해 준다. 예를 들어 자신감을 상실해서 무엇이든 자신이 없다고 생각하는 노인이 간단한 요리를 만들어 냄으로써 자신감이 생겨 자신의 가치에 대한 새로운 생각으로 성공에 대한 강한 신념을 갖는 것이다.

— 정화를 해 준다. 요리치료는 노인이 겪는 일상의 경험과 앞으로의 생활을 재구성함으로써 노인이 본래 가지고 있는 가장 자연스러운 자기치료의 수단이 된다. 예를 들면 편식이 심한 노인이 요리치료를 하면서 평소 자신이 싫어하던 음식에 대한 인식이 바뀌게 되는 것이다.

— 정서적으로 안정감을 갖는다. 요리치료는 재료를 가지고 조리법에 따라 요리를 만들기 때문에 일정한 시간이 소요된다. 따라서 인내력이 길러져 정서적 안정감을 유지할 수 있다.

— 신체기능을 회복시킨다. 요리치료는 질병이나 장애, 혹은 노화로 손상된 개인의 정신건강과 신체건강을 복원시켜 주고 향상시켜 준다. 예를 들어, 심한 우울증으로 대인관계를 유지하거나 집중력이 현저히 떨어져 직장 생활을 제대로 수행할 수 없는 사람에게는 요리치료를 통해 이전의 기능으로 회복시켜 주는 것이다. 또한 손을 잘 쓰지 못하는 사람에게는 요리를 통해 원래대로 신체기능을 치유하는 기능을 수행할 수 있다.

8. 치매 예방을 손 유희

1) 집중 박수

'1'은 박수 한 번, '2'는 박수 두 번, '3'은 박수 세 번.

손가락 숫자만 보고 박수를 친다. 예를 들어, 손가락은 '2'를 보이고 말소리는 '3'이라고 들리면, 손가락을 보고 두 번 박수를 친다. 또 큰 소리로 '하나' 하면서 손가락은 '3'개를 펴면 박수를 세 번 치는 것이다.

2) 노래 〈고향 봄〉과 함께하는 손 유희

- 나의 살던: 오른손
- 고향은: 왼손
- 꽃피는 산골: 양손 × 2

위의 손동작을 노래가 끝날 때까지 반복한다.

3) 양 손가락 반대로 들기

- 숫자 1: 오른손 엄지, 왼손 소지
- 숫자 2: 오른손 검지, 왼손 약지
- 숫자 3: 오른손 중지, 왼손 중지
- 숫자 4: 오른손 약지, 왼손 검지
- 숫자 5: 오른손 소지, 왼손 엄지

4) 구호에 맞춰 양손 번갈아 올리기

- 오른손 올려 보세요('오른손'을 큰 소리로).

- 왼손 올려 보세요('왼손'을 큰 소리로).
- 양손 올려 보세요('양손'을 큰 소리로).

이를 바탕으로 좀 더 다양하게 말해 보며, 난이도를 올린다. 예를 들어, "오른손 올렸다 내려 주세요.", "왼손 올렸다 내려 주세요.", "양손을 올렸다 내려 주세요." 등 다양하게 적용 가능하다.

5) 색다른 가위바위보 놀이

가위 대신 '짬뽕', 바위 대신 '짜장', 보 대신 '탕수육'을 이름으로 정한 후, '짬뽕'을 외치면 가위를 내고 '짜장'을 외치면 바위를 내고 '탕수육'을 외치면 보를 낸다.

6) 자존감을 올리는 손 유희 주문

- 돌려라 돌려라 엄지 돌려라 × 2 (지구력 좋아진다)
- 돌려라 돌려라 검지 돌려라 × 2 (집중력 좋아진다)
- 돌려라 돌려라 중지 돌려라 × 2 (기억력 좋아진다)
- 돌려라 돌려라 약지 돌려라 × 2 (판단력 좋아진다)
- 돌려라 돌려라 소지 돌려라 × 2 (순발력 좋아진다)

7) 신문지 낱말 찾기

- 대상자 전원에게 신문지 1장씩 나눠 준다.
- 강사가 낱말이나 문장을 부르면, 신문지 속에서 찾아서 소리를 낸다.

8) 뿅망치 게임

- 냄비와 뿅망치를 준비한다.
- 2대1로 서로가 동물 이름을 정한다.
- 예를 들어, 토끼나 거북이를 정하고 강사가 이야기를 하면서 '토끼'를 말하면 거북이가 토끼를 한 대 때린다. 그리고 '거북이'를 말하면 토끼가 거북이를 뿅망치로 때린다. '토끼, 토끼, 토끼' 하면 계속해서 거북이가 토끼를 때린다.

웃음으로 치매를 예방하라

노인 건강에 좋은 운동요법

1. 운동요법의 정의 및 효과

운동요법이란 신체의 운동을 통하여 질병이나 그 후유증을 치료하는 방법을 말한다. 노인들에게 운동요법은 신체의 구조 및 기능의 저하를 예방하고, 질병이나 손상된 기능을 회복하며, 체력을 개선하여 치매에 도움이 되는 것으로 알려져 있다. 운동은 치매 예방을 위해 매우 중요한 신체 활동으로 부각되고 있지만, 어떤 운동을 얼마나 해야 치매에 좋은지에 대해서는 아직 분명하지 않다. 다만 노년기에 접어들면서 부담 없이 일상생활에서 손쉽게 할 수 있는 운동이 있다면 비단 치매뿐 아니라 고혈압, 당뇨병, 낙상 등 노년기 질병이나 사고 예방에도 크게 도움이 될 것은 분명하다.

— 운동은 자발적으로 참여했을 때 협동정신을 향상시켜 준다.

— 운동은 친목 도모의 효과가 있어 소외와 고독에서 벗어나게 해 준다.

— 걷기 운동은 심신의 피로를 풀거나 휴양에 효과가 있다.

— 운동은 스트레스를 해소시키고 단조로운 생활에서 벗어나게 해 준다.

— 운동은 자신감의 향상, 심리적인 안정감을 준다.

— 운동은 건전한 여가를 보내는 데 도움을 준다.

— 운동을 통해 순발력 · 지구력 · 근력 강화와 평형감각 등의 신체적 건강을 유지할 수 있다.

— 운동은 집중력 · 기억력 증진, 시공간 지각능력의 증진, 청력 · 시력 등을 향상시킨다.

— 노인이 6개월간 규칙적 운동을 한 결과 심폐기능이 향상된다.

— 운동을 통해 인지기능의 손상 및 치매 발병률이 낮아지고, 혈압 · 당뇨 · 고지혈증 등의 만성질환들이 치료 또는 예방되었다.

— 유산소 운동은 노인의 우울 증세를 호전시킨다.

— 운동은 노인의 근력을 강화시켜 준다.

— 운동은 노인의 뇌혈관의 손상 위험을 줄여 준다.

— 운동은 심혈관 기능을 개선시키고 뇌 혈류량을 증가시켜 전두엽의 위축 및 퇴화로 인한 인지기능 장애를 예방한다.

2. 치매 예방을 위해 필요한 체력

1) 근력

근력이란, 근육이 한 번에 최대로 낼 수 있는 힘을 말한다. 힘을 기른다는 것은 근력을 향상시킨다는 것을 의미한다. 노인에게 있어서 근력은 일상생활에서 전반적인 신체활동을 자유롭게 할 수 있게 해 주고, 각종 질병에 대한 저항력을 키워 주어 건강하고 활기찬 생활을 할 수 있게 해 준다. 노인들의 근력을 높이기 위해서는 기어가기, 버티기, 밀기, 끌기, 걷기, 뛰기, 밀기, 당기기, 무릎 들어올리기, 계단 오르기, 팔굽혀펴기, 장애물 넘기 등이 효과적이다.

2) 지구력

운동을 지속하는 능력에는 근지구력과 전신지구력이 있다. 근지구력은 제항에 대하여 반복하여 힘을 내는 것 또는 수축을 지속적으로 할 수 있는 능력을 말하며, 전신지구력은 격렬한 전신운동을 장시간 계속하는 능력을 말한다. 노인은 급격한 운동이나 부하가 강한 운동을 장시간 계속하게 되면 운동 직후의 심박 수가 오히려 안정 시의 심박 수보다 감소하기 때문에 항상 무리가 되지 않도록 주의해야 한다. 노인들의 지구력을 높이기 위해서는 매달리기, 턱걸이, 밀기, 끌기, 버티기, 오래 걷기, 계단 오르기, 놀이, 율동, 수영 등이 효과적이다.

3) 유연성

유연성이란 몸의 균형을 잡거나 바른 자세를 취할 때뿐만 아니라 운동을 수행하는 데 크게 작용하는 체력요소를 말한다. 유연성은 몸을 비틀고, 굽히고, 돌리고, 숙이는 데 있어 근육을 부드럽고 효율적으로 움직이기 위해 필수적이다. 유연성이 생기면 근육에 탄력이 생기며, 관절의 가동범위가 확대되어 할 수 있는 운동이 증가한다. 노인들의 유연성을 높이기 위해서는 의자에 앉아 다리 올리기, 의자 잡고 상체 굽히기, 팔 굽혀서 펴기, 벽 잡고 다리 굽히기, 몸의 앞·뒤·옆으로 굽히기, 몸을 흔들거나 비틀기, 체조 등이 효과적이다.

4) 순발력

순발력이란 근력을 단시간에 최고로 발휘하는 능력이다. 순발력은 근력, 근지구력과 함께 운동 수행에 관여하는 중요한 근기능이다. 노인들의 순발력을 높이기 위해서는 지그재기 걷기, 들어올리기, 장애물 넘기, 줄넘기, 몸 평형 잡기, 공 던지기, 게이트볼 등이 효과적이다.

5) 민첩성

민첩성이란 신체의 일부 또는 전체를 신속하게 움직이든가 방향을 바꾸는 능력을 말한다. 노인기는 민첩성이 떨어지는 시기로 자신의 몸을 신속하고 능률적으로 통제할 수 있는 능력을 잃게 된다. 노인들의 민첩성을 높이기 위해서는 작은 출입구 빠져나가기, 발을 재빨리 차올리기, 제기차기, 신속히 눕고 일어서기, 지그재그 걷기, 게

웃음으로 치매를 예방하라

이트볼 등이 효과적이다.

6) 평형성

평형성이란 신체의 균형을 유지하는 능력을 말한다. 평형감각을 발달시킴으로써 바르고 좋은 자세를 유지시킬 수 있으며 안정된 동작으로 운동에 참여할 수 있게 된다. 노인들의 평형성을 높이기 위해서는 평균대 걷기, 긴 줄걷기, 한 발로 서기, 징검다리 걷기 등이 효과적이다.

3. 치매 예방을 위한 유산소 운동

치매를 예방하고 지연하는 데 가장 좋은 운동은 과격한 운동보다는 유산소 운동이 효과적이다. 유산소 운동이란 운동을 하면서 숨이 차지 않으며 큰 힘을 들이지 않고도 할 수 있는 운동을 말한다. 반면에 무산소 운동은 강도가 높아 장시간 할 수 없기 때문에 노인들이 하기에는 별 도움이 되지 않는다. 특히 치매에 걸린 노인에게 격한 무산소 운동을 시키게 되면 운동이 힘들기 때문에 싫어하게 되고 오히려 치매 예방에 역효과를 낼 수 있다.

유산소 운동은 몸 안에 최대한 많은 양의 산소를 공급시킴으로써 심장과 폐의 기능을 향상시키고, 특히 혈관조직을 강하게 만들기 때문에 혈관성 치매 예방에 효과가 있다. 또한 유산소 운동은 운동 중에 필요한 에너지를 유산소적인 대사 과정을 통해서 생성하여 오랜

시간 운동을 지속할 수 있기 때문에 치매 예방에 효과적이다.

유산소 운동을 장기 동안 규칙적으로 실시하면 운동 부족과 관련이 높은 고혈압, 동맥경화, 고지혈증, 허혈성 심장질환, 당뇨병 등의 성인병을 적절히 예방할 수 있을 뿐 아니라, 치매 예방과 노화 현상을 지연시킬 수 있다. 노인들에게 맞는 유산소 운동에는 걷기, 빨리 걷기, 가볍게 달리기, 에어로빅, 게이트볼, 에어로빅 등이 있다.

1) 걷기 운동

걷기 운동은 가장 강도가 낮으면서 대표적인 손쉬운 운동이다. 그리고 언제나 어디서나 혼자서 할 수 있는 경제적인 운동이다. 만보기를 이용해 걷기 운동을 하면 효율적인 체력 관리에 도움이 된다. 걷기는 처음에는 천천히 시작하여 어느 정도 익숙해지면 속도를 빨리하여 걸어서 땀이 날 정도로 걷는 것이 좋다. 걷기로 치매를 예방하기 위해서는 하루 1시간 정도는 걸어야 하며, 운동량을 걸음수로 환산하면 약 5천 걸음에 해당한다. 나 자신도 걷기를 3년 전부터 실천하고 중성지방 감소 외에도 많은 질병으로부터 호전되었기 때문에 자신 있게 말할 수 있다.

2) 수영과 수중운동

수영과 수중운동은 걷기보다 열량을 많이 소비하는 운동이지만 부력효과로 지상에서의 운동에 비해 체중 부하로 오는 관절의 부담을 적게 받는다. 근육과 심장에 좋으며, 폐 기능을 증진시킨다. 수영으로 하루 100kcal를 소모시키려면 15분을 수영해야 한다.

3) 에어로빅

에어로빅은 기초체력 단련을 위한 동작에 춤과 음악을 곁들여 흥미가 있다. 에어로빅은 심장이 강화되고 체중 감량, 근육 강화 등의 효과가 있고, 특히 복부 · 엉덩이 · 대퇴부위의 군살을 빼고 탄력 있고 윤기 있는 근육으로 만드는 데 적합한 운동이다. 노인들은 노인의 체력에 맞게 음악에 맞추어 가벼운 에어로빅을 해야 한다.

4. 치매 예방을 위한 스트레칭

스트레칭은 관절의 가동범위를 향상시키는 데 도움이 된다. 스트레칭은 통증이 생길 정도로 심해서는 안 된다. 적어도 주당 3회 실시하고 유산소 운동 전후의 준비운동과 정리운동에 포함시키면 효과적이다. 스트레칭으로 하루 100kcal를 소모시키려면 30분을 해야 한다. 걷기나 계단 오르기로 생길 수 있는 근골격계 상해는 다리 근육과 대퇴부위의 스트레칭을 통해 방지할 수 있으며 근신경계 긴장을 완화시키기 위해 정적인 스트레칭 운동을 하는 것이 많은 도움을 준다.

1) 누워서 하는 스트레칭
① 누운 상태에서 다리를 대(大)자로 편다. 양팔은 깍지 낀 채 위로 올리고 쭉 펴며 힘을 주어 10초간 유지한다.
② 누운 상태에서 양팔을 수평으로 벌린다. 오른쪽 다리를 90도

각도를 유지한 후 왼쪽으로 몸을 틀어 준다. 얼굴은 오른쪽을 바라보고 10초간 유지한다. 반대쪽 다리도 같은 방법으로 시행한 후 10초간 유지한다.

③ 엎드린 자세에서 상체를 위로 들어 올린다. 얼굴은 위를 향하고 약 10초간 유지한다.

2) 앉아서 하는 스트레칭

① 양반다리로 앉은 후 허리를 세우고 상체와 얼굴이 일직선이 되게 하여 오른쪽으로 돌린다. 약 10초간 유지한 후 같은 방법으로 왼쪽으로 돌리며 10초간 유지한다.

② 양다리를 앞으로 쭉 펴고 천천히 상체를 앞으로 숙여 양손을 발끝으로 가져간다. 약 10초간 유지한 후 천천히 올라온다.

③ 양다리를 최대한 벌리고 발가락 끝에 힘을 준다. 양팔을 나란히 펴고 왼쪽 팔을 머리 위로 오른쪽 팔은 왼쪽 옆구리를 향한다. 약 10초간 유지한 후 같은 방법으로 오른쪽 팔을 머리 위로 왼쪽 팔은 오른쪽 옆구리고 향하고 10초간 유지한다.

3) 서서 하는 스트레칭

① 다리는 어깨 넓이로 벌리고 양쪽 팔을 위로 올린 후 두 팔을 깍지 낀 상태로 힘을 준다. 두 손을 깍지 낀 채 오른쪽으로 향하고 약 10초간 유지한 후 다시 왼쪽으로 향해 10초간 유지한다.

② 양쪽 다리를 어깨보다 넓게 벌리고 무릎을 구부린다. 양손을 양쪽 무릎 위에 올려놓고 앉은 자세를 취한다. 오른쪽 무릎 안

쪽을 바깥으로 밀면서 오른쪽 어깨 쪽으로 고개를 돌리고 10초간 유지한다. 같은 방법으로 왼쪽 무릎 안쪽을 바깥으로 밀면서 왼쪽 어깨 쪽으로 고개를 돌리고 10초간 유지한다.

③ 다리를 어깨 넓이로 벌리고 양팔을 등 뒤로 가져가 깍지를 낀다. 시선을 위로 향한 채 가슴을 펴고 양팔을 뒤로 깍지 낀 채 들어 올린다. 약 10초간 유지한다.

5. 치매 예방을 위한 유연성 운동

유연성이란 인체의 하나 또는 복수의 관절과 근육에 관계된 관절을 둘러싼 근육이 최대한 어디 범위까지 관절을 움직일 수 있는가를 나타내는 능력을 말한다. 유연성이 필요한 이유는 동작을 원활히 한다든가 부상을 예방하는 것에 중요한 역할을 하기 때문이다.

일반적으로 유연성의 크기는 관절의 가동범위에 의해서 결정된다. 유연성이 높아질수록 특정 동작범위 내에서의 재빠른 피하기, 발차기, 거리 조절 등 기능이 향상된다. 노인이 되면 유연성이 떨어져 자주 넘어지고, 넘어지면 다치게 된다. 따라서 노인이 되어서는 유연성이 절실히 필요하다.

1) 의자에 앉아 다리 올리기

평소에 잘 쓰지 않는 허벅지 뒤 근육의 유연성을 높이는 운동이다. 운동하는 방법은 다음과 같다.

① 의자에 앉아 한쪽 다리를 뻗고 앉고, 다른 쪽 다리는 내려놓는다.

② 등을 쭉 편다.

③ 이때 허벅지 뒷부분에 스트레칭 되는 느낌이 있으면, 그 동작을 10~30초 동안 유지한다.

④ 스트레칭 되는 느낌이 없으면, 엉덩이관절 부분을 앞으로 숙여서 스트레칭 되는 각도를 유지한다. 이때 허리 및 등과 어깨 등은 곧게 편다.

⑤ 그 동작을 10~30초간 동안 유지한다.

⑥ 다리를 바꾸어 반대쪽 다리를 쭉 뻗고, 다른 쪽 다리는 내려놓는다.

⑦ 각각의 다리를 3~5회 시행한다.

(주의: 고관절 수술을 시행한 사람은 의사의 허락이 없을 시 생략한다.)

2) 의자 잡고 상체 굽히기

굳어 버린 허리와 등, 어깨 근육의 유연성을 높이는 운동이다. 운동하는 방법은 다음과 같다.

① 의자 뒤에 서서 양손으로 의자를 잡는다.

② 엉덩이 관절 부분을 앞으로 숙여서 스트레칭 되면 그 각도를 유지한다. 이때 허리 및 등과 어깨 등은 곧게 편다.

③ 10~30초간 유지한다.

④ 3~5회 시행한다.

웃음으로 치매를 예방하라

3) 벽 잡고 다리 굽히기

평소에 잘 쓰지 않는 종아리 근육의 유연성을 높이는 운동이다.
운동하는 방법은 다음과 같다.

① 양팔을 쭉 펴서 벽을 양손으로 짚고 선다.
② 한쪽 무릎을 살짝 구부리고, 반대편 발을 약간 뒤로 하여 쭉
　 편다.
③ 종아리 뒤쪽에 스트레칭이 되는 느낌이 들 때까지 발을 뒤로 뺀다.
④ 10~30초간 유지한다.
⑤ 폈던 다리를 구부리고 10~30초간 유지한다.
⑥ 반대편 다리를 시행한다.
⑦ 각각 다리마다 3~5회 시행한다.

4) 지그재그 걷기

① 테이프를 바닥에 직선으로 붙인다.
② 테이프 위에 최대한 똑바로 걷는다.
③ 선을 밟지 말고 테이프의 오른쪽에는 왼발로 내딛고, 테이프
　 의 왼쪽에는 오른발을 내딛는다.
④ 걷기를 지속적으로 한다.

6. 치매 예방을 위한 박수의 효과

　손은 다양한 신체기관과 연결되어 있기 때문에 박수를 치는 동작으로 해당 신체기관을 자극해서 건강에 도움이 되게 하는 것이다. 박수는 손이 어느 부위에 부딪히느냐에 따라서 그 효과가 달라진다. 그리고 박수는 다음과 같이 쳐야 한다.

— 박수는 손의 기맥과 경혈을 부분적으로 자극해서 손과 연결된 내장 및 기관을 자극함으로써 갖가지 질병을 예방하고 치료하는 데 효과가 있다.
— 하나의 동작을 10초에 60회 빠른 속도로 쳐야 효과가 있다.
— 아픈 부위가 있는 경우는 30초~1분 정도 연속해서 쳐야 효과가 있다.
— 손에는 전신에 연결된 14개의 기맥과 340여 개의 경혈이 있어 박수만 잘 쳐도 각종 질병의 예방과 완화에 도움을 줄 수 있다.
— 박수가 머리부터 발까지 운동 효과가 있으므로 전신운동의 비슷한 효과와, 전신 혈액순환에 탁월한 효과가 있을 뿐 아니라 신진대사까지 촉진시키고, 스트레스 해소, 두통, 견비통에 좋다. 또한 기관지, 방광, 신장, 내장 등을 자극하며 치매 예방, 두뇌 활성화, 체중 감량, 집중력 향상에도 도움이 된다.

두뇌 노화를 방지하는 식습관

1. 식품이 뇌에 미치는 영향

음식을 먹지 않으면 생명을 유지하기 어려울 뿐만 아니라 결국에는 사망에 이르게 된다. 식생활이 사람의 인체에 미치는 영향은 매우 크다. 음식은 우리 생명을 유지할 뿐만 아니라 뇌의 건강에도 지대한 영향을 미친다. 치매에 걸리면 기억력부터 시작해서 대뇌의 기능 전체가 서서히 점차 소실되어 간다. 인간에게 육체만 건강하다고 해서 오래 사는 것이 중요한 것이 아니라, 뇌도 건강하게 유지해야 행복한 장수를 누릴 수 있다. 뇌가 신체보다 먼저 기능을 못한다면 우리의 삶은 비참해지고 만다.

고령화 사회가 도래함과 동시에 노인성 치매가 증가함에 따라 두뇌의 노화를 방지하는 방법은 초미의 관심사가 아닐 수 없다. 뇌를 연구하는 사람들은 뇌일혈이나 뇌혈전증 등 뇌혈관의 질병에 의해 뇌 세포이 활동이 떨어지고, 그 수명이 현저하게 단축되어 사고력이 저하돼 노인성 치매가 나타나고 있다. 지금까지 밝혀진 연구에 의하면, 뇌혈관을 노화시키고 뇌세포의 활동을 저하시키는 주된 원인이 바로 우리의 식생활에 있다는 것이다.

뇌는 생후 6개월 동안이 가장 빠르게 성장하여 출생 때에 약 2배로 커지고 7~8세에 성인의 뇌 무게의 90%까지 성장한다. 24세 전후에서 두뇌의 성장이 완성되고 더 이상 성장을 멈추게 된다. 두뇌의 성장이 두뇌 세포의 증가라고 생각하기 쉽지만, 사실 인간의 뇌세포는 갓난아기 때에 이미 약 140억 개인데 이 숫자는 신체가 성장해도 절대로 늘어나지 않으며, 오히려 뇌세포가 죽는 것으로 알려져 있다.

두뇌의 기능 · 지능은 근육과 마찬가지로 인지훈련을 통해서 향상되는 것으로 보고되고 있다. 또한 두뇌의 활성화에 있어서 가장 중요한 것은 올바른 영양을 섭취하는 것이다. 두뇌도 육체와 마찬가지로 영양을 공급받지 않으면 성장은 물론 기능을 제대로 유지할 수 없게 된다. 따라서 두뇌 기능 유지에 식습관은 큰 영향을 준다고 할 수 있다.

실제로 두뇌의 기능을 높이는 영양소들이 많이 함유된 호두, 등 푸른 생선, 콩, 해초류 등의 식품은 뇌의 기능을 활성화하거나 기능을 유지하는 데 도움이 되는 것으로 알려져 있다. 특히 혈관성 치매는 기름기가 많은 육식 중심의 식생활에서 오는 콜레스테롤의 증가나 염분이 많은 식생활로 육체와 뇌세포의 노화를 촉진하고 있는 요인으로 등장

웃음으로 치매를 예방하라

했다. 콜레스테롤의 증가는 뇌혈관을 좁아지게 하여 피의 흐름이 어려워져 영양 공급이 제대로 되지 못하는 것으로 알려져 있다.

이 밖에도 고혈압이나 알코올, 비만, 당뇨병, 중풍, 몸에 해로운 식품첨가물 등도 치매를 일으키는 위험인자이다. 치매를 일으키는 위험인자는 잘못된 식습관에 의해서 만들어지는 경우가 대분이다. 따라서 우리가 먹는 음식이 치매에 지대한 영향을 끼치는 것을 알 수 있다.

2. 치매 예방을 위한 영양 관리의 필요성

치매를 앓는 노인들을 살펴보면 대부분 영양실조인 경우가 많다. 치매 환자는 노화로 인해 영양소 대사 능력이 감소되어 있고 여러 가지 신체적 질병을 함께 가지고 있을 가능성이 많기 때문에 치매 환자는 어떤 환자보다도 영양 관리가 중요하다.

현재 음식과 식습관을 고치는 것으로 치매를 예방하는 연구들이 이뤄지고 있다. 명확한 사실관계는 더 규명되어야겠지만, 여러 가지 실험을 통해서 치매에 좋은 음식과 치매를 예방하는 식습관으로 치매를 관리하는 사람들은 그렇지 않은 사람들에 비하여 치매의 위험을 줄이는 결과가 보고되고 있다. 따라서 치매를 예방하고 치매를 지연하기 위해서는 치매 예방에 좋은 음식과 치매를 예방하는 식습관을 생활화해야 한다.

노인들에게 5대 영양소(단백질, 칼슘, 무기질과 비타민, 당질, 지방)는 노인들의 건강을 유지하고 치매를 예방하는 데 반드시 필요한 영양소다. 5대 영양소 중 탄수화물, 단백질, 지방은 신체의 에너지원으로 활용된다. 그 외에 미네랄, 비타민, 물은 신체의 신진대사를 돕는 영양소들이다. 치매를 예방하기 위해서는 5대 영양소를 균형적으로 섭취해야 한다.

노인들이 섭취해야 할 영양소는 활동이 왕성한 성인의 75~80% 수준으로 섭취해야 한다. 치매 증상이 나타나면 자신이 무엇을 섭취했는지, 식사를 했는지를 모르기 때문에 영양 관리는 더욱 중요하다. 영양이 부족하면 건강도 나빠지면서 합병증은 물론 치매가 더욱 빨리 찾아오게 된다. 따라서 치매를 예방하기 위해서는 우리 몸을 최대한 유지하기 위해서 영양 관리가 필요하다.

3. 치매 예방을 위해 필요한 영양소

노인들의 치매 예방을 위해서는 영양이 골고루 공급될 수 있도록 식품 구성탑에 의거하여 영양을 공급해야 한다. 식품 구성탑이란 식품을 다섯 가지 군으로 분류하여 균형 잡힌 식사를 계획하여 섭취할 수 있도록 만든 표이다. 식품 구성탑에 의거하여 하루 식단을 구성하여 제공하면 가장 건강을 유지하는 식사를 제공할 수 있다.

1) 1층: 곡류 및 전분류

밥, 국수, 식빵, 시리얼, 떡 등의 곡류 및 전분류는 운동을 하는 데

웃음으로 치매를 예방하라

필요한 에너지를 만들고 소화를 돕는 일을 한다. 적게 먹으면 체중이 줄고 몸이 허약해지지만, 과잉 섭취 시에는 비만을 가져온다. 노인에게는 식사 때마다 밥 1공기(210g), 국수 1대접(90g), 식빵 3조각(100g) 중에서 선택해서 제공하는 것이 적당하다.

2) 2층: 채소 및 과일군

시금치나물, 콩나물, 김치, 느타리버섯, 물미역, 감자, 귤, 토마토 등의 채소 및 과일군은 우리 몸 각 부분의 기능을 조절해 주고 질병을 이길 수 있는 에너지를 준다. 부족할 때는 피로를 느끼고 무기력해진다. 노인에게는 1일 식사 때마다 생야채(60g), 김치(60g), 과일(100g), 과일주스(½컵) 중에서 선택해서 제공하는 것이 적당하다.

3) 3층: 고기, 생선, 계란, 콩류군

고기, 닭, 생선, 두부, 계란 등의 콩류군은 우리 몸의 피와 살을 만들고 뇌의 발달을 돕는다. 부족할 때는 운동을 하기 어려우며 쉽게 기력이 떨어진다.

4) 4층: 우유 및 유제품류

우유, 치즈, 호상 요구르트, 액상 요구르트, 아이스크림 등의 우유 및 유제품은 우리 몸의 뼈와 이를 튼튼하게 하고, 신경을 안정화시켜 준다. 부족할 때에는 뼈가 약해진다. 노인에게는 1일 식사 때마다 우유 1컵(200g), 요구르트 1컵, 치즈 2장 중에서 선택해서 제공하는 것이 적당하다.

5) 5층: 유지·견과 및 당류

식용유, 버터, 마요네즈, 탄산음료, 설탕 등의 유지 및 당류군은 우리 몸에서 힘을 내고 체온을 유지시켜 준다. 당류는 과잉 섭취 시에는 비만이 되고 당뇨병의 원인이 된다. 치매를 예방하기 위해서는 오메가3나 올리브유 같은 기름의 섭취가 필요하다. 그뿐만 아니라 뇌의 기능을 활성화를 돕는 견과류를 지속적으로 먹는 것이 좋다.

4. 치매 예방을 위한 식단 구성

식품 구성탑에 근거하여 치매 예방과 지연을 위하여 식단을 구성할 때는 다음에 유의하는 것이 좋다.

— 식사는 식이섬유가 많은 현미나 잡곡, 콩이 들어간 밥을 제공하는 것이 좋다.
— 국은 된장, 두부, 미역이 들어간 조리로서 소금의 양을 적게 하여 심심하게 조리하여 제공한다.
— 반찬에는 계란이나 생선, 다진 고기, 콩을 사용하여 씹기가 좋은 반찬을 제공하는 것이 좋다.
— 반드시 채소가 들어가 있는 반찬을 한 가지씩 제공한다.
— 간식으로는 매일 과일, 요구르트, 고구마, 견과류 등을 제공한다.

구분	내용
밥	현미와 잡곡 또는 곡류를 포함한 밥 이가 약해 씹기가 어려운 분들에게는 죽으로 제공 식이섬유와 비타민 등 무기질 제공
국	된장, 두부, 미역이 들어간 조리 소금의 양을 적게 하여 심심하게 조리
반찬	계란이나 생선, 다진 고기, 콩을 사용하여 씹기 좋은 반찬
반찬	채소를 이용하여 오래 두고 먹어도 되는 김치나 나물류를 이용한 반찬
간식	과일, 요구르트, 고구마, 견과류

5. 알츠하이머형 치매 예방을 위한 식단

알츠하이머 치매와 같은 퇴행성 치매 예방에 특출한 방법은 없으며, 알츠하이머 치매는 한번 걸리면 완치가 어려운 것으로 알려져 있다. 학계에서는 적색육, 가공육, 정제된 곡물, 고칼로리가 특징인 서구식 식단 등을 섭취하게 되면, 베타 아밀로이드 단백질이 뇌에 쌓이게 되어 치매 발생률을 높이는 것으로 발표하고 있다. 따라서 먹는 음식을 가지고 알츠하이머 치매를 예방하기 위한 노력들이 다각적으로 전개되고 있다.

그중에 주목해 볼 만한 내용은 미국 콜롬비아대학 연구진이 식습관과 치매 발병과의 상관관계를 분석한 연구이다. 오메가3 지방산과 비타민을 많이 섭취한 노인은 그렇지 않은 노인보다 치매를 겪을 위험이 40퍼센트 정도 더 낮은 것으로 나타났다고 연구 결과를 밝혔다.

이를 바탕으로 미국 시카고 러쉬 대학 연구팀은 '마인드' 식단을 개발하여 성인들을 대상으로 지속적으로 섭취하게 하는 연구 결과, 알츠하이머병 치매의 위험률이 54%나 낮은 것으로 나타났다. '마인드(MINE; Mediterranean-DASH Intion for Neurodegenerative Delay)'는 지중해 식단과 고혈압 환자를 위한 대시(DASH) 식단을 합친 식단이다. 마인드 식단의 특징은 녹색 잎채소, 견과류, 열매, 콩, 전체 곡물, 생선, 가금류, 올리브기름, 와인 등 총 10가지 식품군을 먹는 것으로 되어 있다.

1) 단백질

마인드 식단에서 단백질의 섭취가 중요하여 단백질이 풍부한 콩류를 일주일에 최소 세 번을 섭취하도록 하고 있다. 통곡물(속겨를 벗기지 않은 곡물)은 하루 세 번, 생선은 주 1회, 닭고기는 일주일에 2번을 섭취한다.

2) 채소

채소는 항산화 물질이 풍부하여 항염과 항산화 효과가 있기 때문에 하루 식사에서 두 번씩 채소를 섭취하도록 하고 있다. 일반적으로 많은 종류의 채소를 섭취해도 좋지만, 특히 녹색 채소인 케일과 시금치를 마인드 식단에선 권하고 있다.

웃음으로 치매를 예방하라

3) 견과류

견과류는 지방 함량이 높아 뇌 건강을 위한 필수 간식으로, 일주일에 다섯 번 섭취를 권한다.

4) 베리류

블루베리, 라즈베리 등 각종 베리류는 강력한 항산화제인 안토시아닌이 풍부여 일주일에 두 번 이상 섭취하는 것을 권한다. 폴리페놀의 일종인 안토시아닌은 산하 후 발생하는 활성산소 제거에 뛰어나다. 항산화성분을 미세혈관에까지 전달해 뇌혈관의 손상과 노화를 막아, 두뇌 활동을 최상으로 유지시키며 알츠하이머 질환과 관련된 증상을 완화하는 데에 도움이 된다.

5) 올리브오일

올리브오일은 뇌에 좋은 영향을 주기 때문에 자주 먹는 것이 좋다. 모든 요리에 올리브오일을 사용하도록 권하고 있다. 올리브 오일은 하이드록시타이로솔이라는 화학물질을 함유하여 기억력을 향상시켜 알츠하이머병의 위험을 감소시켜 주는 역할을 한다.

6) 와인

와인은 뇌 건강을 향상시켜 주는 것으로 하루 한 잔 정도 섭취하는 것이 좋다. 포도에 풍부한 레스베라트롤 성분이 뇌 조직의 노화를 늦추는 역할을 한다.

6. 혈관성 치매 예방을 위한 식단

혈관성 치매는 고혈압과 뇌동맥 경화증, 당뇨병 등에 의한 뇌혈관 장애로부터 이차적으로 뇌세포에 변성을 일으키는 것을 말하면 다발성 뇌경색이라고도 한다. 혈관성 치매는 뇌에 피를 공급하는 뇌혈관들이 막히거나 좁아진 것이 원인이 되어 나타나거나, 뇌 안으로 흐르는 혈액의 양이 줄거나 막혀 발생하게 된다.

혈관의 노화는 뇌에 피를 공급하는 뇌혈관들이 막히거나 좁아지게 만들어 혈관성 치매의 주원인이 된다. 또는 뇌혈관이 튼튼하지 못하면 알츠하이머 치매와 같은 퇴행성 치매에도 나쁜 영향을 끼친다. 노화의 주범인 활성산소도 뇌세포노화와 혈관 노화의 원인이 된다.

따라서 치매를 예방하려면 혈관을 튼튼하게 하고, 그 혈관을 통해 신선한 혈액을 공급하고, 뇌를 혹사시키지 않는 범위 내에서 최대한 많이 사용하는 것이 좋다. 뇌의 노화를 늦추는 식단의 핵심은 동맥경화를 예방하고, 뇌세포에 충분한 영양을 공급하며, 나쁜 활성산소의 생성을 줄이고 제거하는 데에 있다. 뇌의 노화 원인을 살펴보면 다음과 같다.

— 과식이나 육류의 과다 섭취는 비만, 고혈당, 고지혈증, 고혈압 등과 함께 동맥경화를 일으키고 피를 진하게 하여 뇌경색을 일으키는 원인이 된다.
— 과다한 염분 섭취는 고혈압을 악화시키고 동맥경화를 가속화시켜 뇌에 나쁜 영향을 준다.

188

— 육류의 기름에는 포화지방산과 콜레스테롤이 다량 함유되어 있어 작은 혈관을 좁게 하거나 막히게 하여 치매를 유발하게 된다.

따라서 혈관성 치매를 예방하기 위해서는 무엇보다 혈관을 건강하게 하고 신선한 혈액을 공급해야 하는데, 이를 위해서는 다음과 같이 식사를 해야 한다.

— 육식보다는 채식을 주로 섭취해야 한다.
— 몸에 좋은 오메가3나 올리브오일을 먹는 것이 좋다.
— 모든 음식에서 염분을 줄여서 음식을 덜 짜게 먹어야 한다.
— 활성산소를 없애 주는 비타민 E, 비타민 C, 폴리페놀 등의 항산화 물질이 많이 들어 있는 채소나 과일을 섭취해야 한다.

4부 치매 예방을 위한 다양한 방법

만병통치약, 웃음 테라피

치 매 를 예 방 하 는 웃 음 테 라 피

웃음이란 무엇인가?

1. 웃음의 의미

1) 웃음의 개념

마음과 몸은 하나이다. 2,500년 전 히포크라테스(고대 의학의 아버지)는 신체도 마음이 영향을 미친다고 했다. 그는 "몸이 아프면 마음까지 함께 치료해야 한다."라고 주장했고, 웃음이 몸과 마음을 함께 치료하는 최고의 수단이라고 했다.

일반적으로 이 개념들은 구분 없이 '웃음을 일으키는 어떤 것'을 지칭한다. 18세기 이전에는 '희극적인 것'이란 개념은 거의 사용되지 않았으며, 우스꽝스러운 것은 단지 '웃음을 자아내는 것의 속성'이라고만 규정되었다. 또한 웃음은 우둔하고 바보 같은 사람을 조롱하는 의미인 '비웃음'으로 이해되었다.

그러나 그 이후부터는 웃음 유발의 대상을 누군가의 결함, 실수, 쓸모없는 것, 무가치성 등에서 찾기보다는 사회적 규범이나 상식, 유행에서 벗어난 행동이 웃음의 동인이라고 강조되었다. 그래서인지 웃음 개념에 포함된 비웃음과 조롱의 느낌은 서서히 사라지게 되었다. 즉, 웃음의 대상은 하찮고 쓸모없는 것으로부터 즐거움과 유쾌함이 부각된 '희극적인 것'이라는 개념이 사용되었다.

일반적으로 웃음은 횡격막의 짧은 단속적(斷續的)인 경련적 수축을 수반하는 깊은 흡기(吸氣)로부터 생긴다. 배를 움켜잡고 웃을 때 몸이 흔들리므로 머리는 앞뒤로 끄덕여지고, 아래턱이 상하로 흔들리며 입이 크게 벌어진다. 싱글벙글 웃는 것은 만족감을 나타내고, 능글능글 웃는 것은 비밀을 감추고 있는 것이며, 히죽히죽 웃는 것은 악의를 나타내는 것이다. 또한 깔깔 웃는 것은 기품이 없음을 나타내고, 큰 소리로 웃는 것은 대범함을 나타낸다.

일반적으로 유아(幼兒)나 어린이의 웃음은 신체적 · 감정적이다. 즉, 간지러울 때나 배설물이 나올 경우에 흔히 볼 수 있으며, 표현은 복잡하다. 아동기 이후에는 정신적 · 사회적인 웃음이 많아지며 표현은 미소로 변한다. 청년기 이후가 되면 유머가 발달한다. 유머는 자기를 객관시하고, 웃음의 자료를 제공하려는 마음에서 생겨난다.

2) 진정한 웃음의 의미

웃음 속에는 희로애락이 다 담겨 있지만, 결국 진정한 웃음은 기쁨과 즐거움의 웃음이라고 할 수 있다. '웃고, 웃지 않고의 차이'는 간단한 표정의 차이가 아니라 우리의 생명과 직결된 것으로, 건강은 물론이거니와 각 집안의 복(福)과도 밀접하게 관련된다.

하지만 우리나라에서는 얼마 전까지만 해도 자주 웃는 사람은 '실없다', '허파에 바람이 들어갔다', '헤프다' 등 부당한 대우를 받는 경향이 있어 왔다. 그러던 것이 요즘은 웃음이 자신의 건강은 물론이고 타인에게까지 즐거움을 주어 밝고 명랑한 사회가 되는 데 도움이 된다는 것이 밝혀지자, 여기저기서 '웃음'의 효용성을 강조하는 분위기가 확산되고 있다.

재산이 많다 해서 반드시 부자라고 할 수는 없다. 웃음의 양, 즉 웃을 수 있는 능력과 시간이 많아야만 진정한 부자라고 할 수 있는 것이다. 실제로 건강한 모습으로 장수하는 사람들을 보면, 낙천적인 성격에다 많이 웃으면서 삶을 즐겁게 살아온 사람들임을 알 수 있다.

그 어떤 상황을 긍정적으로 받아들일 수 있는 사람은 모든 사람들에게 좋은 기를 전하며 살고, 좋은 에너지로 편안함을 전해 준다. 사람들에게 밝은 모습으로 웃어 주면 이러한 파동은 코로나 같은 질병 속에서도 사람들이 위안을 받을 것이다.

2. 웃음의 종류

웃음은 정신적 · 육체적 건강에 큰 도움을 줄 뿐 아니라, 즐거운 삶을 영위할 수 있도록 북돋아 주는 생활의 윤활유다. 배가 아플 때까지, 눈물이 나올 때까지 크게 웃고 나면 기분이 좋아지면서 속이 후련해짐은 물론이고, 굳어진 어깨가 풀리면서 스트레스가 사라지는 효과까지 체험하게 된다.

요즘 가정과 직장에서 하루 일과를 시작하기에 앞서 한바탕 웃음으로 컨디션을 조절하는 '웃음 운동'이 유행하고 있는 것도 그런 맥락에서일 것이다. 그런가 하면 '웃음 클럽'이나 '웃음 명상법'을 통해 웃음을 생활화해 가고 있는 사람들이 점점 늘어나고 있는데, 이 또한 웃음이 우리 생활에 얼마나 필요한 것인가를 다시 한번 일깨워 주는 반증이라 할 수 있을 것 같다.

'웃음 운동'은 인도의 전통 수행법인 요가에서 비롯된 것으로 '원숭이 웃음', '노새 웃음' 등 여러 종류가 있었지만, 최근 들어서는 웃음의 종류도 다양하게 변화하고 있다.

— 사자 웃음
— 밥 먹기 전 웃음
— 라인 웃음: 집 안 현관문 앞에 라인을 그리고 한 발 안으로 들어올 때 웃으면서 들어온다.
— 소리 없는 웃음
— 핸드폰 웃음
— OK 웃음
— 싸움 웃음: 싸움하듯이 서로 삿대질을 하며 웃는다.

1) 득이 되는 웃음
• 폭소: 갑자기 터져 나오는 웃음
• 대소: 크게 웃음

- 미소: 방긋이 웃음
- 희소: 기쁘게 웃는 웃음
- 교소: 귀엽게 웃음

2) 실이 되는 웃음
- 가소: 거짓 웃음
- 간소: 간교한 웃음
- 기소: 업신여겨서 비웃음
- 냉소: 쌀쌀한 태도로 웃음
- 비소: 코웃음
- 치소: 빈정거리며 웃음

3. 웃음의 세 가지 요소

이 세 가지 요소는 우리가 인생에서 근본적으로 추구하는 목적이기도 하다.

1) 밝음
낙관적인 생각을 하고 늘 감사하는 마음으로 살아야 한다. 마음이 밝으면 호르몬과 뇌파의 파동이 좋아지며 어떤 일이든지 모두 수월하게 풀려 나간다.

2) 따뜻함

웃음 짓는 사람에게는 따뜻한 느낌이 전달된다. 따뜻함의 원천은 사랑이며 배려이다. 내가 아닌 남이 행복하기를 바라는 것이다. 그러기 위해서는 '도움이 되고 싶다'는 소원이 담겨 있어야 한다. 따뜻한 인간관계를 맺기 위해서는 마음을 열어 다른 사람과 교류하는 일부터 시작해야 한다. 인간관계는 인생의 행복과 불행을 좌우하는 가장 큰 요소이다.

3) 활기

활기 있고 눈빛이 빛나는 사람의 인생에는 꿈과 목표가 있다. 활기는 삶 자체를 즐겁게 만들며 소중한 자신의 본성을 마음껏 살려준다. 자신의 사명을 알고 그것을 다하는 과정에서 활기는 살아난다. 그러면 필요한 능력은 자연스럽게 개발되고 기회도 찾아온다.

웃음의 요소는 곧 행복의 요소이다. 밝고 따뜻하고 활기 있는 사람이야말로 인생에서 진정으로 성공한 사람이며 행복한 사람이다. 그렇다면 성공해야만 밝고 활기차고 온화한 얼굴이 되는 것일까? 물론 그럴 수도 있다. 하지만 성공하기 위해서는 긍정적인 생각을 가져야 하고, 밝고 따뜻한 인간관계를 맺어야 하며, 활기가 있어야 한다.

이는 언제나 웃는 얼굴을 하는 사람을 가리킨다. 웃음은 모든 사람들의 성공과 행복을 향한 수단이자 방법이며 동시에 목표이다. 이제 행복의 에너지를 살려 내는 웃음을 통해 성공으로 향해 보자.

4. 웃음의 기술

복을 부르는 최고의 웃음의 기술이 있음에도 불구하고, 사람들은 전혀 모르고 있다. 사람들은 시간에 맞춰 하루를 움직이고 살면서 정해진 시간에 웃는 사람은 없다. 우리가 즐겁고 기쁘게 살아가는 데 가장 필요한 요소는 웃음이다.

웃음은 선택이 아니라 필수다. 하지만 웃음이 점점 줄어들고 삭막하게 살아가고 있는 것이 우리들의 현실이다. 웃으면 즐겁고, 즐거우면 행복하고 몸과 마음이 건강해진다. 웃음 띤 얼굴은 해맑은 아이들의 얼굴과 같다. 그 얼굴이 밝은 사회와 건강한 가정 그리고 만사형통을 보장하는 증표다.

— 웃으며 힘 있게 하루를 시작하라. 하루가 활기차게 시작된다.

— 일어나 거울을 보고 활짝 웃어라. 거울 속의 내가 미소를 돌려보낸다.

— 밥을 먹을 때 웃으면서 먹어라. 그래야 소화도 잘되고 영양분이 몸을 건강하게 만들어 준다.

— 마주치는 사람들에게 미소 띤 표정으로 인사하라. 마음의 문이 저절로 열린다.

— 웃으면서 출근하고 웃으면서 퇴근하라. 그래야 하는 일이 잘된다.

— 사람들을 대할 때 웃으면서 대하라. 어디서나 인기가 넘친다.

— 남을 웃게 하라. 내가 있는 곳이 꽃자리다.

— 집에서도 웃어라. 행복한 가정이 꽃핀다.

— 고민할 일이 있어도 모든 근심 걱정이 날아간다.

웃음으로 치매를 예방하라

— 웃으면서 물건을 팔아라. 하나 살 것 두 개를 사게 된다.

— 물건 살 때 웃으면서 사라. 서비스가 달라진다.

— 돈 빌릴 때도 웃으면서 말하라. 웃는 얼굴에 침 뱉지 못한다.

— 옛날에 웃었던 일을 회상하며 웃어라. 웃음의 양이 배로 늘어난다.

— 실수했던 일을 떠올려라. 기쁨이 샘솟고 웃음이 절로 난다.

— 웃기는 책을 그냥 읽지 말라. 웃으면서 읽어 봐라.

— 도둑이 들어와도 두려워 말고 웃어라. 도둑이 놀라서 도망친다.

— 웃기는 개그맨처럼 행동해 봐라. 어디서나 환영받는다.

— 비디오도 웃기는 것을 선택해서 봐라. 웃음 전문가가 된다.

— 화날 때 화내는 것은 누구나 한다. 화가 나도 웃으면 화가 복이 된다.

— 우울할 때 웃어라. 우울증도 웃음 앞에서는 맥을 추지 못한다.

— 힘들 때 웃어라. 모르던 힘이 저절로 생겨난다.

— 웃는 사진을 걸어 놓고 수시로 바라봐라. 웃음이 절로 난다.

— 웃음노트를 만들어서 웃겼던 일과 웃었던 일을 기록하라. 웃음도 학습이다.

— 시간을 정해 놓고 웃어라. 그리고 시간을 점점 늘려라.

— 사람을 만날 때는 웃는 얼굴로 반갑게 대하라. 기쁨과 감사함이 충만해진다.

— 속상하게 만드는 뉴스를 보지 말라. 그것은 웃음의 적이다.

— 회의할 때 먼저 웃고 시작하라. 아이디어가 샘솟는다.

— 오래 살려면 웃어라. 1분을 웃으면 이틀을 더 산다.

— 돈을 벌려면 웃어라. 5분간 웃으면 5백만 원 상당의 엔도르핀이 몸에서 생산된다.

5부 만병통치약, 웃음 테라피

5. 웃음에 대한 명언

- 웃음은 성공과 장수의 지름길이다.
- 웃으면 복이 와요.
- 웃는 낯에 침 뱉으랴.
- 웃음은 내면의 조깅이다.
- 웃음은 만병통치약이다.
- 웃음이란 사람만이 가지고 있고, 공유할 수 있다.
- 웃음은 일을 즐겁게 하게 하는 활력소이고, 교제를 명랑하게 해 주는 윤활유이며, 가정을 밝게 해 주는 청량제이다.
- 웃음의 반대는 스트레스다. 스트레스가 쌓이면 몸에 병이 생기고, 배꼽 잡고 웃으면 스트레스가 풀린다.
- 웃음이 있는 곳엔 항상 많은 사람이 모인다.
- 서로 웃으면서 대하면 분위기가 화기애애해진다.
- 웃음은 마음의 여유를 가져다준다.
- 웃음이 있는 곳엔 행복이 있고, 고난도 웃음으로 극복할 수 있다.
- 인상 좋은 웃음은 상대방의 마음까지 끌어당긴다.
- 웃음은 최고의 마케팅이다.
- 웃음은 상대방의 허물까지 용서하게 하는 힘이 있다.

웃음으로 치매를 예방하라

웃음 힐링 프로그램

1. 웃음 힐링이란?

현대인은 날로 늘어 가는 스트레스 환경의 극복을 위한 대처 방안으로 '웃음 힐링 프로그램'에 주목하고 있다. 웃음은 스트레스를 감소시키고, 자존감과 자신감을 향상시키며 낙천적이고 긍정적인 사고와 자신감 증진으로 삶의 방향을 모색하는 데 촉매제 역할을 하기 때문이다.

또한 웃음은 대뇌를 자극하여 스트레스 호르몬인 코르티솔(cortisol)의 분비를 감소시키고, 세로토닌과 도파민 등 항우울에 효과적인 호르몬이 분비된다고 알려져 있다. 웃음은 건강 증진, 질병 예방, 빠른 치료, 행복한 삶 등 개인의 삶의 질을 향상시키고, 원만한 대인관계, 사회통합적 관계 형성에 효과적이다. 여기에서는 이러한 웃음 힐링에 대하여 알아보려고 한다.

1) 웃음의 학술적 의의

웃음은 유머의 자연스런 반응으로 상호작용을 가능하게 하는 의사소통의 일종이다(Bennett MP Cecile AL, 2006). 웃음의 사전적 의미는 "쾌적한 정신활동을 수반하는 정서반응"이라고 하였으며 여기에는 신체적인 활동이 포함된다. 웃음은 고대 그리스어 'Hele(웃다)'에서 파생된 것으로 감탄사의 일종이다. 또한 웃음은 명랑하게 소리를 내어 웃는 행위를 나타내는 말로서(이희승, 1996) 즐거움을 유도하는 사람의 질이나 마음 상태 및 기분과 연관이 있다고 하였다(Simon, JM, 1989). 웃음에 관한 최초의 기록은 성경의 "웃음은 마음의 양약일지라도 근심은 뼈를 마르게 한다(잠언 17:22)."에서 찾아볼 수 있다.

웃음은 긍정적인 웃음과 부정적인 웃음으로 분류된다. 웃음은 대인관계를 형성하며 살아가는 인간들의 비언어적 의사소통의 하나이고, 상호관계성에서 웃음이라는 매개를 통해 부정적 관계와 긍정적 관계를 알리는 상징적 도구이기도 하다. 긍정적인 웃음은 대인관계를 보다 친밀하고 협조적인 관계로 만들어 주고, 일상생활의 창의적 사고수준을 증진시켜 주는 역할로 업무의 생산성과 결속력을 극대화시키는 요소이기도 하다. 건강에 대한 긍정적 효과를 주는 웃음에는 박장대소, 요절복통, 함소, 폭소, 희소, 광소, 미소 등이 있다.

반면, 부정적인 웃음은 개인의 심리적 신체적 스트레스 요인으로 노출되기 쉽고, 대인관계가 극히 피상적이기 쉬우며 관계 형성을 회피하거나 소극적·수동적인 대처로 유쾌한 활동과 쾌적한 정서반응에 저해가 된다. 건강을 해치는 웃음의 종류로는 치소, 냉소, 가소, 지소, 고소 등이 있다. 결과적으로 웃음은 위기의 상황 등과 고통의 순간들을 덜어 주도록 돕는 도우미 역할을 한다고 볼 수 있다(류창현, 2006).

2) 효과적인 웃음

인간은 태어난 지 3~4개월 이후부터 감정적인 반응으로 웃음을 자아내기 시작한다. 효과적인 웃음은 전뇌에 위치한 웃음보를 자극하여 인체에 유익한 신경전달물질을 분비한다. 웃음 유발에 필요한 자극 중 감각적 요소로는 시각 · 청각 · 촉각 등을 들 수 있다. 이는 효과적인 웃음을 유발하게 하는 필수적인 감각요소이다.

효과적인 웃음은 웃음 시간을 길게, 웃음소리를 크게, 웃음활동근육을 최대한 많이 활용하면서 웃는 웃음을 말한다. 먼저, 효과적인 웃음 시간은 웃음보를 자극할 수 있는 시간으로 15초 이상 웃는 웃음을 말한다. 효과적인 웃음소리는 복식호흡을 이용한 호흡음을 최대한 살려서 지속적인 웃음을 유도할 때 성대의 부담감, 목의 통증을 느끼지 않는 웃음을 말한다. 마지막으로 효과적인 웃음은 웃음으로 인해 자극받아 움직일 수 있는 근육을 최대한 많이 활용하여 웃는 웃음을 말한다.

웃음은 웃는 순간 걱정 근심을 잠시 잊어버리게 하거나 부정적 사건을 객관적인 문제로 해석하도록 간격을 조정하는 역할을 한다. 학습된 지속적이고 효과적인 웃음은 정서적으로 자신감을 불러일으키고 자존감을 향상시키며 잠재능력을 발휘할 수 있게 해 주므로 삶의 자세가 긍정적인 자세로 변화되어 문제 상황에 직면하게 될 경우 적극성과 유연성을 갖도록 사고의 전환을 이끌어 준다. 그래서 웃음은 거짓으로라도 웃으면 스트레스와 불안, 우울, 화 등의 부정적인 정서를 잘 극복할 수 있다(노만택, 2001).

연구에 의하면 정서적 이완은 억지웃음만으로도 향상시킬 수 있고, 억지웃음도 웃음의 효과성을 똑같이 가지고 있으며 웃음으로 분비되는 엔도르핀은 우울·불안·기분을 조절하고(Lebowitz, 2002), 통증을 제거(Karen & Barbara, 2003)할 뿐만 아니라, NK 세포(자연살해세포)를 활성화시키는 역할을 한다(Takahashi, 2004).

또한 웃음이 신체에 미치는 효과는 호흡의 들숨과 날숨을 통해 폐의 기본단위인 폐포의 효과적인 작용을 극대화하여 폐의 가스교환 기능을 활성화시키고, 얼굴근육을 포함한 전신근육의 스트레칭 역할로 얼굴부터 발끝까지 근육의 수축과 이완작용을 반복하면서 조직의 대사 작용과 혈액순환을 용이하게 하여 근육의 기능과 신진대사기능을 증진시키는 역할을 한다.

결과적으로 웃음은 신진대사증진 및 질병 예방과 관리에 효과적이며 스트레스 감소로 정서적 안녕 상태를 유지하는 데 도움이 된다. 그뿐만 아니라 웃음은 협조적인 대인관계 형성을 촉진하는 매개물로서 사회적으로 창의적인 잠재능력을 개발하는 데 도움이 된다.

그러면 웃음 프로그램은 언제부터 시작되었을까? 웃음 프로그램은의 태동을 알아보고자 한다.

웃음으로 치매를 예방하라

2. 웃음 프로그램의 태동

1) 웃음요법에 대한 학술적 연구

서기 1300년경 프랑스 앙리 드 몬더빌레(Henri De Mondeville)는 환자의 기쁨과 생활의 전체 국면을 돌보고 그를 즐겁게 하도록 허락하고 우스갯소리를 들려줄 누군가를 초청해야 한다고 말했다. 프랜시스 베이컨(Francis Bacon)은 마음의 즐거움은 건강에 유익하다고 보았다.

1962년『우울증의 해부학』을 지은 영국의 로버트 버튼(Robert Burton)은 웃음이 피를 깨끗하게 해 주고 육체를 젊고 활기차게 하며 우울증의 벽을 허물어 주는 주요 수단이고 그 자체가 충분한 치료제라고 했다. 임마누엘 칸트(Immanuel Kant)도 웃음은 건강한 정서를 만들어 준다고 했다.

웃음의 임상학적 연구로 유명한 로마린다 의대를 1902년에 설립한 엘렌화이트(Ellen White) 여사는 질병의 90%는 마음에서 발생하므로 마음의 즐거움과 기쁨이 중요하다고 했다.

웃음을 임상적으로 연구한 선구자 중 미국의 베라 로빈슨(Vera Robinson)은 최초의 웃음요법 교과서인『유머와 의료진』이라는 책을 발간했다. 그리고 스탠퍼드 대학의 윌리엄 플라이(William Fly)는『치료제로서의 웃음』이라는 책을 펴내 웃음과 심장, 순환계의 임상학적 상관관계를 밝혔다.

프로이드는 1905년『유머와 무의식과의 관계』라는 책에서 유머, 위트, 웃음은 걱정, 공포, 분노 등 부정적인 감정을 극복하는 방

어기제가 된다고 했다. 캐나다 심리학자 허버트 레프코프(Hebert Lefcourt)와 로드 마틴(Rod Martin)은 1968년『유머와 라이프 스트레스』라는 책에서 스트레스를 해소하는 많은 방법 중 웃음과 유머가 가장 뛰어난 결과를 준다고 했다.

로마린다 의대의 리버크와 스탠리 탠은 웃음과 면역체에 대한 연구로 전 세계 의학계에 비상한 관심을 불러일으켰다. 버크는 웃음은 대체의학이 아니고 진짜 의학이라고 했다. 특히 웃음과 몸의 항체에 대한 연구에 몰두하여 웃음요법의 권위자로 인정받고 있다.

미국에서 가장 활발한 웃음의 치유적 능력을 홍보하고 있는 패티 우튼(Patty Wooten)은 1996년 세계웃음요법학회 회장을 맡았고 웃음요법이 간호대와 의대에서 정규과목으로 채택될 것으로 전망했다. 특히 간호사 웃음부대를 조직하여 환자들에게 웃음을 치유제로 사용하고 있다.

2) 웃음 프로그램의 시작

노만 커즌스(Noman Cousins)는『Saturday Review』잡지 편집장이었는데 1964년 8월 일종의 '강직성 척수염'이라는 희귀한 관절염 진단을 받았다. 이 병은 500명 중 한 사람이 회복되는 치명적인 병이었다. 텅 빈 병실에서 삶의 허무를 뼈저리게 느끼면서 살고 싶은 욕망에 사로잡혔다.

그는『삶의 스트레스』라는 책에서 부정적인 사고나 감정은 육체에 화학적 변화를 가져오며 부신호르몬을 마르게 한다는 내용을 보고 역으로 생각하여 마음의 즐거움과 기쁨을 가지면 유익한 생리적 결과를 갖지 않을까 하고 웃음과 유머가 즐거움을 주는 삶의 활력소라 믿었다. 그리고 주치의와 상의하여 폭소를 자아내는 영화를 보고 유머집을 읽어 달라고 요청했다.

노먼 커즌스는 호텔로 병상을 옮기고 많은 친구들과 함께 배꼽 잡고 웃었다. 여럿이 모이면 33배 더 잘 웃을 수 있다. 비타민 C를 복용하는 요법도 병행했다. 그리하여 완쾌되어 투병 체험을 근거로 『질병의 해부』라는 책을 발간하여 미국 독서계에 화제가 되었다.

이후 스탠포드 의대와 하버드대학교 의대교수들이 웃음에 대한 임상실험이 시작되고 논문들이 발표되자, 북미를 중심으로 웃음요법이 확산되었던 것이다. 커즌스는 UCLA 의대교수로 지내며 1989년 『희망의 생물학』이라는 책에서 웃음요법을 상세히 밝혔다.

3. 웃음 프로그램의 방법

이처럼 웃음 프로그램에 대한 연구가 계속되고 있다. 이제 상담심리기법으로 활용되는 웃음프로그램의 일반적인 방법을 살펴보고자 한다.

우선 첫째, 상담자는 우선 웃을 수 있는 환경을 만든다. 실내 환경을 변형 또는 장식한다. 특히 환자에게는 광대 옷차림이나 이상한 몸짓 그 자체가 웃음 촉진제가 된다. 상실이 큰 가족들에게는 마음껏 눈물을 흘리게 해야 한다.

둘째로, 유머기법을 활용한다.

— 상대방의 예측을 무너뜨려서 기대했던 것이 사라지게 한다.

— 곡해와 궤변으로 열변을 토한다.

— 말하고자 하는 내용을 최대한 과장한다.

— 때로는 바보 노릇도 서슴지 않는다.

— 단어의 다른 뜻을 부각시킨다(하나의 사실이 2가지로 해석되면 유머가 된다).

— 독특한 표정과 몸짓을 개발한다(인간의 동작이 기계를 연상시키는 것에 비례해서 웃음을 일으킨다).

— 개그맨이나 코미디언의 말투나 행동, 몸짓을 평소에 연습해 둔다.

— 라디오, TV, 인터넷 같은 대중매체, 유머 관련 서적 등 자료 수집을 해서 활용한다.

셋째로는, 집단역할을 활용한다. 웃음은 전염성이 강하기 때문에 집단 상담을 통한 웃음치료의 효과는 극대화가 가능하다. 2인 이상의 사람들로 구성하여 가치·규범·신념 등을 공유하며 공통된 목표를 이루기 위해 상호의존과 상호작용이 있게 한다. 구성원 상호간에 의사소통이 이루어지고 갈등을 효과적으로 처리하며 집단 과정을 정확히 진단하여 그 기능을 개선할 수 있는 능력을 키우는 것이다.

개인의 특정한 문제는 탐색하기 어려우나 집단구성원들 사이에 이루어지는 다양한 상호작용을 통해 실제적이고 현실적인 사회적 교류 경험을 가질 수 있다. 다양한 의견과 정보를 교환하는 가운데 문제 해결을 하게 된다. 웃음의 전이는 구성원들 간의 친화력을 불

208

웃음으로 치매를 예방하라

러일으켜 어떤 집단보다도 집단역할의 활성화가 이루어진다.

4. 웃음 프로그램의 효과

웃음이 건강에 좋다고 하는 것은 흔히들 알고 있는 상식 중의 하나이다. 흔한 예로 '일소일소(一笑一少), 일노일노(一怒一老)', '웃는 집안에 만복이 찾아온다(笑門萬福來).'와 같은 속담을 보아도 알 수 있다. 최근 연구에서도 웃음이 건강에 많은 긍정적 효과가 있는 것으로 알려지고 있다.

그렇다면 웃음은 어떤 효과를 가지고 있을까? 이에 대해 다음 장에서 세부적으로 다루어 보고자 한다.

치매를 예방하는 웃음의 힘

1. 웃음과 엔도르핀

1) 엔도르핀의 발견

1975년 영국의 애버딘 대학교 생화학자 한스 코스터리츠(Hans. W. Kosterlitz)는 뇌에서 생성되는 엔케팔린(enkephalin)을 발견하고 다시 연구를 계속하여 아편 같은 기능을 가지면서도 모르핀보다 200배 더 강한 모르핀(morphine)을 발견하고 이것을 체내의 모르핀이라는 의미로 엔도르핀(endorphin)이라고 명명하였다. 엔도르핀의 발견은 이들의 독창적인 연구 결과는 아니었다. 이미 몇 년 전 아킬메이어(Akil H. Mayer) 등이 동물의 뇌에 모르핀과 같은 진통 효과를 주는 물질이 있다는 것을 발표했었다.

이후 엔도르핀에 대한 연구는 더욱 왕성해졌으며 베타 엔도르핀,

감마 엔도르핀, 알파네오 엔도르핀, 다이놀핀, 프로엔케팔린 등 다양한 엔도르핀들이 속속 보고되었다. 특히 골드 스타인이 발견한 다이놀핀은 엔도르핀의 700배 이상의 진통 효과가 있는 강력한 호르몬이다. 하지만 곧이어 다이놀핀보다 더 큰 효과를 지닌 펩타이드 엔케팔린(Ecps)이 발견되어 의학계에 큰 반향을 일으키고 있다.

엔도르핀은 천연 진통제이다. 신경 활동을 통제하여 근심 걱정을 덜어 주고 뇌의 기능을 도우며 몸에 통증을 막아 준다. 혈액순환을 하면서 호르몬 기능을 발휘하고 긴장 조절 및 심장 활동을 도와주며 암 환자에게 치료 효과를 나타낸다. 특히 엔도르핀은 스트레스의 가장 좋은 치료제로 알려져 있다. 또 인생의 마지막 순간에 엔도르핀이 왕성하게 분비되어 뇌의 마지막 잔치(the brains last festival) 또는 아름다운 죽음의 황홀감을 맞게 된다는 것도 보고되었다.

이러한 발견으로 코스터리츠와 휴즈스 그리고 스나이더(snyder)는 의학계의 가장 권위 있는 상 중 하나인 앨버트 래스커상(Albert Lasker award)을 받았다.

2) 엔도르핀의 촉진제, 웃음

문제는 엔도르핀이 체내에서 자동 생성되는 것이 아니고 마음의 감정과 관계를 맺고 있다는 것이다. 기쁘고 즐거우면 많이 생성되는 반면, 우울하고 속상하면 정반대 효과를 내는 아드레날린이 생성된다. 아드레날린 과다 분비는 심장병, 고혈압, 노화 촉진, 노이로제, 관절염, 편두통 등의 원인이 된다는 연구 논문이 발표되고 있다.

한번 분비된 엔도르핀의 절반은 대개 그 효과가 5분 정도이다. 그러므로 계속하여 체내에서 엔도르핀의 효과를 얻기 위해서는 즐거운 마음, 유쾌한 생각을 견지해야 한다. 웃음은 엔도르핀을 생성시키는 가장 효과적인 촉진제다. 상황이 어떠하든지 우리가 웃을 수만 있으면 우리 체내에서 모르핀보다 수백 배 더 강한 엔도르핀이 생성되어 우리를 고통으로부터 보호해 준다.

아기들은 생후 203개월부터 웃기 시작하여 급속하게 웃음의 횟수가 많아진다. 보통 6세 아이의 경우 하루에 300회~400회 웃는다. 하지만 성인은 80세 기준으로 보면 하루 15회에서 7회 정도 웃으며 개인에 따라 차이가 있지만 점점 줄어드는 것으로 추정된다.

2. 웃음의 생리적 효과

스트레스 의대의 윌리엄 프라이는 40년 동안 웃음과 건강에 대하여 공부한 학자로 『약으로서의 웃음』이라는 책에서 웃음의 생리적 효과를 다음과 같이 요약하여 밝혔다.

— 뇌하수체(pituitary glands)에서 엔도르핀(endorphin)이나 엔케팔린 같은 자연 진통제(natural pain killers)가 생성된다.
— 부신에서 통증과 신경통과 같은 염증을 낮게 하는 신비한 화학물질이 나온다.
— 동맥이 이완되었기 때문에 혈액순환이 잘되고 혈압이 낮아진다.
— 웃음은 신체의 전 기관에 긴장 완화를 준다.

웃음으로 치매를 예방하라

— 웃음은 혈액 내의 코르티솔(cortisol)의 양을 줄여 준다.

— 스트레스와 분노, 긴장의 완화로 심장마비를 예방한다.

— 웃음은 심장 박동 수를 높여 혈액의 순환을 돕고 몸의 근육에 영향을 미친다.

— 뇌졸중의 원인이 되는 순환계의 질환을 예방한다.

— 암 환자의 통증을 경감시킨다.

— 3∼4분의 웃음은 맥박을 배로 증가시키고 혈액에 더 많은 산소를 공급한다.

— 가슴과 위장, 어깨 주위의 상체근육이 운동을 한 것과 같은 효과를 얻는다.

1) 웃음과 뇌

미국 윌리엄 앤드 메리 대학교의 심리학 교수 피터 더크스(Peter Derks)는 유머와 웃음이 뇌의 전자파에 미치는 영향에 대한 연구를 했다. 웃음은 두뇌의 한 부분만 손상되어도 치명적인 결과를 가져온다. 이는 뇌의 특정 부분의 기능이 아니라 전체에 걸쳐 작용한다는 것을 의미한다. 즉 왼쪽 뇌가 웃음의 언어적 내용에 관한 것이라면, 오른쪽 뇌는 많은 유머의 특성인 부조화와 모순을 분석하는 작용을 하는 것이다.

학습활동에서의 유머를 연구한 앤더슨(L. W. Anderson)은 다음과 같은 결론을 내렸다. "웃음은 학습 이해와 기억을 돕고, 학습에서 긍정적인 학습 분위기를 만들어 준다. 인지적 발달을 돕고, 바람직하지 못한 행동을 막아주고, 고민감을 줄여 준다."

노인들 중에 웃음 감각이 있는 환자들이 훨씬 더 빨리 회복된다는 연구를 발표한 정신전문의 조셉 리치맨(Josep Richman)은 웃음이 소속감과 사회적 응집력을 높여 주는 효과가 있다고 말한다. 자살과 우울증의 원인이 소외감이 웃음으로 극복된다는 것이다.

2) 웃음과 면역글로불린

웃음이 면역 시스템에 영향을 미치는 이유에 대해, 존다이아몬드 박사는 미소를 지으면 면역세포가 분화되는 흉선을 자극하기 때문에 흉선이 강화된다고 말하고 있다. 그는 광대뼈 근육과 흉선이 밀접하게 연결되어 있기 때문이라고 밝혔다. 이러한 웃음과 면역에 대한 연구가 리버크 박사에 의해 이루어지자, 일본의 오사카 연구팀도 웃음이 혈액에 있는 자연 살해세포(NK)를 활성화시킨다는 사실을 확인했다.

NK세포는 백혈구의 일종으로 면역기능을 높여 주는 것은 물론 암세포를 공격해 암의 발생을 예방한다. 우리 몸 안에 있는 면역세포의 일종인 NK세포는 암세포 같은 돌연변이나 이물질이 생기면 마치 자살특공대처럼 공격해 자폭하는 것으로 알려졌다. 연구팀은 18~26세 남성 21명에게 코미디 프로와 교양프로를 보게 했다. 그 결과 코미디 프로를 본 사람의 경우 NK 세포활성화율이 시청 전 26.5%에서 29.4%로 높아진 반면, 교양프로를 본 사람들은 27%에서 24.8%로 낮아졌다.

18년간 웃음의 의학적 효과를 연구해 온 미국의 리 버크 받사는 2001년 미국 대체의학지에 '함박웃음이 건강에 미치는 영향'을 추가로 발표해 큰 반향을 불러일으켰다. 그는 웃음을 터뜨리는 사람에게서 피를 뽑아 분석해 암을 일으키는 종양세포를 공격하는 '킬러세포'가 많이 생성되어 있음을 다시 한 번 확인하였다. 즉, 웃음이 인체의 면역력을 높여 감기와 같은 감염질환은 물론 암과 성인병을 예방해 준다는 것이다.

또, 한 번 큰 소리로 웃으면 면역에 관여하는 임파구들을 자극하는 감마인터페론이 체내에서 200배나 증가해 면역력을 높여 준다. 로마린다 의대와 오사카대의 연구 결과를 요약하면, 암을 공격하는 자연 살상세포의 활성도가 크게 증가했음을 보여 주어 웃었을 때 실제적으로 면역시스템이 강화된다는 사실을 알 수 있다.

3) 웃음, 알레르기를 극복하다

웃을 때와 감사하는 마음을 느낄 때 우리 몸에는 엔도르핀이라는 건강 호르몬이 분비되고, 이 호르몬에 자극을 받아 임파구의 생성이 활성화되면서 면역능력과 병균에 대한 저항력이 강화된다.

미국의 로마린다 의과대학 리 버크 교수팀은 1996년에 열린 심리신경면역학 연구학회에서 "웃으면 면역기능이 강화된다."는 내용의 연구 결과를 발표해 전 세계 의학계로부터 관심을 모았다. 리 버크 교수팀은 폭소 비디오를 보고 난 뒤 혈액을 뽑아 항체를 조사한 실험 결과, 병균을 막는 항체인 인터페론 감마호르몬의 양이 200배 늘어났다고 발표했다.

또한 코미디 프로그램을 보고 나면 백혈구와 면역 글로불린은 많아지고 면역을 억제하는 호르몬인 코르티솔과 에프네 피린은 줄어

드는 현상이 있다고 발표했다. 이는 웃음이 코르티솔의 과다 분비를 방지하여 스트레스를 극복할 수 있는 힘이 생기게 한다는 것을 뜻한다.

일본 교토(京都) 우니티카 중앙병원 기마타 하지메 박사팀은 미국 의학협회 저널(JAMA)에 발표한 논문에서 알레르기 환자가 찰리 채플린의 희극 영화를 본 뒤 증상이 개선된 사례를 소개했다. 기마타 박사팀은 남녀 알레르기 환자 26명을 두 그룹으로 나눠 각각 찰리 채플린의 희극 영화 〈모던 타임즈〉와 일반 비디오를 보여 준 뒤 이들의 상태를 관찰했다.

알레르기를 가진 이들 환자는 조사에 앞서 알레르기 유발물질을 주사했으며, 90여 분간 비디오를 시청한 뒤 피부 상태에 대한 검사를 받았다. 조사 결과, 채플린 영화를 본 환자들은 알레르기로 인한 피부 태흔(苔痕)이 줄어든 데 반해, 일반 비디오를 시청한 환자 등에게서는 아무런 변화도 나타나지 않았다고 한다.

4) 웃음은 유산소운동이다

미국의 플라이 교수는 "웃으면 심장기능을 활발하게 하는 힘이 생기고, 10초 동안 배꼽을 잡고 깔깔 웃으면 10분 동안 힘차게 보트의 노를 젓는 것과 같은 운동 효과가 있다."고 말했다. 웃으면 심장박동수가 2배로 증가하고, 폐 속에 남아 있던 나쁜 공기를 신선한 산소로 빠르게 바꿔 주기 때문이다.

소리 내어 웃는 것은 훌륭한 유산소운동이다. 윗 몸통, 폐, 심장, 어깨, 팔, 복부, 횡격막, 다리 등 모든 근육이 움직인다. 생리학적으

웃음으로 치매를 예방하라

로 하루에 100~200번 정도 소리 내어 웃으면, 10분간 조깅하는 것과 같은 효과를 갖는다고 알려져 있다.

5) 웃음은 감기 예방약이다

미국의 엘머 게이츠 박사는 "우울하거나 화를 낼 때는 몸 안에서 독소가 만들어진다."는 내용의 연구 결과를 발표했다. 게이츠 박사는 화를 내고 있는 사람, 슬픔과 고통에 빠져 있는 사람, 후회로 괴로워하고 있는 사람, 기뻐하는 사람이 토해 내는 숨을 각각 채취하여 조사했는데, 그 결과를 토대로 "기쁠 때 분비되는 각성호르몬과 엔도르핀은 몸의 노화를 방지하고 활력을 주지만, 화를 내거나 고통을 느낄 때 분비되는 화학물질은 건강에 치명적인 영향을 준다."고 말했다.

게이츠 박사의 실험 결과를 통해, 만일 한 사람이 한 시간 동안 계속 화를 낸다면 80명을 죽일 정도의 독소를 만든다는 것을 알 수 있다. 이는 병든 마음이 병든 몸을 낳고, 즐거운 마음으로 웃고 사는 것이 좋은 건강법이라는 사실을 증명해 주는 연구 결과라고 할 수 있다.

실제로 웃기는 비디오를 본 그룹과 가만히 방에 앉아 있는 그룹의 침에서 1gA의 농도를 실험해 본 결과, 웃기는 비디오를 본 그룹의 침에서는 1gA의 농도가 증가하고 다른 그룹은 변화가 없었다. 여기서 1gA은 면역글로불린의 하나로, 감기와 같은 바이러스의 감염을 막아 주는 역할을 한다. 즉 각종 면역세포들과 면역글로불린, 사이토카인, 인터페론 등이 증가되어 있고, 코르티솔 등의 각종 스트레스 호르몬이 감소되었다는 것이다.

6) 웃음은 암도 치료한다

웃음은 병균을 막는 항체인 '인터페론 감마'의 분비를 증가시켜 바이러스에 대한 저항력을 키워 주며, 세포조직의 증식에 도움을 주는 것으로 밝혀졌다.

일본의 오사카대학 대학원 신경강좌 팀은 "웃음은 몸이 항체인 T세포와 NK세포 등 각종 항체를 분비시켜 더욱 튼튼한 면역체를 갖게 한다. 호탕하게 웃으면, 암세포를 제거하는 NK세포의 움직임이 활성화된다."는 사실을 확인했다. 코미디 프로를 시청하면 NK세포 활성화율은 3.9% 높아지고, 교양 프로를 보았을 경우는 3.3% 감소한다.

18년간 웃음의 의학적 효과를 연구해 온 미국의 리버트 박사 또한 웃음을 터뜨리는 사람의 피를 뽑아 분석해 보면 암을 일으키는 종양세포를 공격하는 킬러 세포(killer cell)가 많이 생성되었음을 알 수 있다고 하였다. 웃음은 그 어떤 운동보다도 운동 효과가 있으며, 인체의 면역력을 높여 심리적 안정감을 더해 주어 감기와 같은 감염 질환뿐 아니라 암과 성인병까지도 예방해 준다는 것이다.

7) 웃음과 호르몬

오하이오 주립대의 낸시 렉커(Nancy Recker)는 『웃음은 참으로 좋은 약이다』라는 기사에서 웃음의 효력을 다음과 같이 요약하고 있다.

― 웃음은 힘을 주고 웃음은 극복할 능력을 준다.

― 웃음은 상호 간의 대화와 마음의 통로를 열어 주고, 웃음은 긴장감을 완화해 준다.

― 웃음은 분노를 몰아내고 공격성을 없애 주고, 진단의 도구로서 효과를 높여 주고 기억력을 증진시킨다.

미 애리조나주의 패트릭 플래너갠(Patrick Flanagan)은 웃음이 체내의 안전밸브이고 스트레스 호르몬을 감소시키는 엔도르핀 같은 유익한 호르몬을 대량 생산한다고 보았다. 심지어 거짓 웃음(Faking laughter)도 진짜 웃음과 비슷한 화학적 반응이 체내에서 일어난다고 주장하며 일부러 웃는 척해도 그런 행동은 진짜 웃음으로 바뀐다고 했다.

1992년에 행한 노르웨이의 한 연구에 의하면 10년 전에 223명의 전립선암으로 사형선고를 받았던 환자들 중에 여전히 204명이 생존하고 있는 것을 발견했다. 의학자들은 이 기적 같은 현상은 심리신경면역학(PNI)으로 이해된다고 보고 있다.

다시 말해 아무리 죽을병에 걸렸더라도 우리의 마음이 기쁘고 즐거우면, 즉 우리가 정상적인 감정과 생각을 갖게 되면 체내에서 질병은 더 이상 세력을 확장하지 못하고 후퇴하고 만다는 것이다. 이런 연구에 근거하여 볼 때 웃음은 매우 강력한 질병 치유제가 아닐 수 없다.

종합적으로 웃음은 다음과 같은 생리적 효과를 가지고 있다. 몸의 면역체를 강하게 하고, 육체적 고통을 완화시킨다. 몸의 온도를

219

적정 수준으로 높여 주고, 살 빼기 운동을 돕고 불면증을 고쳐 준다. 웃음은 또한 감기에 덜 걸리게 하고, 혈압을 내려 준다. 심장 혈관 기능을 강화시켜 주고, 위산을 줄여 주며, 암의 확산을 늦추어 주고, 천식이나 관절염 증상을 낮게 하며, 수명을 연장해 준다.

3. 웃음의 심리적 효과

1) 웃음, 자유를 선물하다

웃음은 정치적 압박의 현실뿐만 아니라 사회적 관습에서도 해방시켜 준다. 우리의 웃음 생활을 살펴보면 웃음이 도덕적 계율을 뛰어넘는 것을 본다. 사회의 윤리나 도덕을 넘는다는 말은 우리의 상상에서 일어난다는 말이다. 그래서 프로이드는 농담의 주요 기능을 도덕적으로 용납되지 않는 욕망의 발산이라고 하였다. 쇼펜하우어는 우리를 웃기는 것은 그것이 논리나 이상으로 합리적이지 못한 것을 생각하게 하기 때문이라고 보았다.

나탄 아나톨리 샤란스키(Natan Anatoly Sharansky)는 9년을 그 악명 높은 소련의 감옥에서 보냈고 사형선고를 받았던 그가 서방 세계로 나온 후에 그 때의 일을 회고하면서 "나는 사형장의 모습에 대해 종종 농담하기 시작했다. 아무리 두려운 말이라도 15번에서 20번쯤 되풀이하여 말하면 그 말이 더 이상 위협의 대상이 되지 않는다. 자유로울 때에 유머는 하나의 사치스러운 것이지만 감옥에서는 유일한 무기이다. 그들에 대하여 웃을 수 있는 순간 당신은 자유하다."고

웃음으로 치매를 예방하라

말했다.

영국의 존 리치(John Leach)는 1994년『생존의 심리학(Survival psychology)』이라는 책에서 위기의 순간에 웃음이 어떤 역할을 하는지 다음과 같이 적고 있다. "유머감각은 생존에 더할 수 없는 도움이 되었다. 생존을 위한 역동적인 수단이다. 유머는 현실에 대하여 무관심한 것이고 상황의 심각성을 고의적으로 모른 체하며 모든 것이 정상적이라고 생각하고 절반은 장난으로 치부하는 것이다."

2) 웃음, 희망을 안겨 주다

『76일간의 바다에서의 표류』를 쓴 스티븐 갤러헌(Steven Gallahan)은 웃음을 통하여 그를 죽음으로 몰아가고 있는 배고픔과 고독을 잠시나마 잊을 수 있었고, 뭔가 희망감이 다시 살아나는 듯한 기분을 가졌다고 기록하였다. 감옥에 갇힌 적이 있는 영국의 석학 버트란드 러셀은 독감방에서 정신적 고통을 막기 위해 유머 책을 읽었다. 후일, 그는 "웃음은 가장 값싸고 가장 효과 있는 만병통치약이다. 웃음은 우주적인 약이다."라고 적었다.

아우슈비츠 포로수용소에 갇혔다가 기적적으로 살아 나온 저명한 정신과 의사 빅터 프랭클(Victor Frank)이 저술한『생의 의미를 찾아서』에 보면 "웃음은 생존을 위한 투쟁에서 정신의 무기이다. 웃음은 그 상황에서 초연성을 갖게 하고 위협하는 환경에서 그 상황이 잠시 잠깐이라도 마음에 우월성을 갖게 하는 최상의 수단이다."라고 나와 있다.

심리학자 사무엘 자누스(Samuel Janus)와 과학자 세이모어 피셔

(Seymour Fisher)는 많은 코미디언들의 생애를 연구한 후, 코미디언들이 유머를 한 것은 그들이 직면한 고통에 대한 무기였기 때문이라고 지적했다. 찰리 채플린에게 있어 웃음과 유머는 생존의 수단이었다. 그 처절한 삶의 정황에서 웃음만이 그를 살려 주는 유일한 낙이었던 것이다.

링컨의 전기를 보면 다음과 같은 상황이 나온다. 남북전쟁의 가장 심각한 위기의 때에 백악관에 각료들이 모였다. 들려오는 소식은 걷잡을 수 없는 위기 상황뿐이었다. 모든 각료들이 입을 다물고 멍하니 앉아 있을 때, 링컨은 웃음 책을 꺼내어 크게 읽었다. 그것을 다 읽은 후에 그는 각료들에게 말했다. "여러분은 왜 웃지 않소? 내가 웃지 않았다면 난 죽었을 거요. 당신들도 나처럼 이 약이 필요합니다."

코미디언이나 링컨도 고통·어려움·고퇴·아픔을 느끼며 우리와 같은 삶을 살았다. 하지만 그들이 뛰어난 것은 바로 이런 인생의 아픈 현실과 문제, 눈물과 한숨을 웃음으로 바꾸었다는 사실이다. 웃음이나 유머로 문제 그 자체를 해결할 수는 없다. 하지만 우리가 웃는 동안에 적어도 그 문제를 해결할 길을 찾게 된다.

3) 웃음, 그 긍정의 힘

웃음은 우리에게 사물이나 대상을 보는 긍정적이고 건강한 관점을 갖게 한다. "웃음의 정신은 인생을 보는 관점을 준다."고 캐나다 작가 스티픈 리코크(Stephen Leacock)는 말했다. 관점이란 인생을 보는 시각이고, 상황을 대처하는 자세이다.

제2차 세계 더글라스 린세이, 제임스 벤자민은 병원 응급실에서 웃음의 중요함을 발표했다. 생사가 오락가락하는 비극적 현실에서 의사들이 그들의 임무를 다하기 위해서는 웃음 감각이 필수라고 했다. 응급실의 의사들은 온몸에 피가 뒤범벅이 되어 실려 온 환자를 보고 놀라지 않을 수 없다. 하지만 나약한 정서로 보기만 해서는 손이 떨려 올바른 수술을 못하게 된다. 어떤 환자라도 객관적으로 다루고 웃음의 대상으로 삼고 임무를 완수하기 위해 인정머리 없는 철면피처럼 된다.

극도로 고민하는 환자에게 하루 어느 시간을 떼어서 그 시간은 고민만 하도록 했다. 그러면 환자는 고민하려고 노력하지만 잘 되지 않는다. 그래서 환자는 자신의 모습에 웃고 만다. 그 뒤 긴장은 완화된다. 이 정신 치료법은 우울증, 불면증, 자신 의심증, 성관계 등 어려운 공포에 효과가 크다고 한다.

4) 웃음, 스트레스를 날리다

웃음은 현대사회에서 만병의 원흉으로 알려진 스트레스를 완화 또는 억제하거나 제거하는 데 도움을 준다. 우리가 알고 있는 몸속의 유쾌 물질이라고 부르는 엔도르핀은 스트레스에 가장 좋은 치료제이자 중독이 되지 않는 천연 진통제이다. 이 엔도르핀은 체내에서 자동적으로 생성되는 것이 아니라 감정과 깊은 관계가 있다.

웃으면 장에서 90프로 이상 세로토닌이 생성된다. 웃음치료는 기본적으로 웃음을 통해 생기를 되찾고 만족감과 행복감 충족감 등을 느끼게 하며 자신과 세상과의 관계에서 편안함을 느끼게 하는 경험이다(스위스 바젤 웃음 국제학술회의, 1998).

5) 웃음, 생활의 활력소가 되다

겉모습을 아름답게 해 주는 것은 물론이고 인간관계를 친밀하게 해 주며, 사회적으로 성공의 밑거름이 되게 하는 역할을 한다. 또한 감정을 발산시켜 감정을 순하게 정화시키는 데 탁월한 효과가 있다.

그뿐만 아니라, 웃음은 사람과 사람의 마음을 이어 주는 데 큰 역할을 한다. 웃음이 가득 찬 밝은 얼굴은 자석처럼 사람의 마음을 강하게 끌어당기기 때문이다. 캐나다의 캐트린 펜윅 씨의 연구 결과에 따르면, 회사 안에서 구성원들이 보여 주는 웃음은 사기를 높여 주고 의사소통을 원활하게 할 뿐 아니라 창의력을 증진시키고 자신감을 갖게 하여 생산성을 높여 준다고 한다.

웃음으로 치매를 예방하라

치매 예방을 위한 웃음치료

1. 웃음치료의 시작

웃음은 즐겁고 기쁘고 만족한 감정의 표현일 뿐 아니라 건강법으로도 각광받고 있다. '웃음요법(Laughing therapy)'이라고 명명된 이 치료법은 영국 심리학자 로버트 홀덴에 의해 개발되었다. 홀덴에 의하면, 웃는 동안에는 마음이 편해지고 기뻐질 뿐 아니라 실제로 건강해지기 때문에 일석이조(一石二鳥)의 효과가 있다고 한다.

1분 동안에 흔쾌하게 웃으면 10분 동안 에어로빅이나 조깅 혹은 자전거를 타는 것만큼 근육이 이완되어 혈액순환이 잘되고, 그 결과 체내에서는 진통 성분인 엔도르핀이 늘어나고 T세포도 증가한다는 것이 홀덴의 이론이다.

운동의 필요성은 느끼지만 시간이 없는 사람의 경우도, 1분 동안 웃어서 10분 동안 운동을 한 효과가 나타난다면 웃지 않을 이유가 없지 않겠는가.

그럼에도 불구하고 주변을 둘러보면 웃음을 잃은 어른들이 적지 않다. 스트레스가 끊일 날이 없고 이런저런 세상의 풍파와 부딪치면서 웃을 일이 없는 일상을 보냈기 때문이다. 그렇다고 해서 크게 걱정할 일은 아니다. 사람은 누구나 웃음을 찾으려는 능력을 잠재의식 속에 갖고 태어나기 때문이다. 다만 어른들은 그것을 모르거나 감추고 있을 뿐이므로, 찾으려는 마음만 먹으면 언제든 그 능력을 찾고 발휘하여 행복과 건강을 가질 수 있다.

웃음요법은 이런 잠재능력을 개발해서 어른의 몸 안에 감춰진 어린애의 모습을 찾아내는 치료법으로, 온 가족이 함께하거나 직장에서 조회시간에 함께할 경우 그 자리에서 놀라운 효과를 거둘 수 있다. '미소 짓기'와 '따라 웃기'로 이름 지어진 이 치료법은 그저 자주 웃기 위한 연습이므로, 생활 속에서 자신이 웃고 싶을 때 남을 의식하지 말고 마음껏 웃도록 하자.

또 다른 치료는 마음속으로 행복했을 때를 떠올리는 '상기 요법'이다. 누구나 좋았던 때를 떠올리면 표정이 밝아지고, 얼굴에 미소가 만들어진다는 것이다. 행복했을 때 무엇을 하고 있었으며 어디에 있었고 누구와 함께 있었는가를 계속 상기하면서, 현재의 생활 속에서 그런 행복을 다시 찾으라고 홀덴은 권유한다.

돈이 들거나 힘든 것이 아니라면 나중에 웃으려고 미뤄 두거나 추억으로 떠올리기 위해 접어 두지 말고 시행해 보자. 지금 당장.

웃음으로 치매를 예방하라

2. 웃음치료의 정의

웃음은 유머의 자연스러운 반응으로 상호작용을 가능하게 하는 의사소통의 일종이다. 웃음은 긍정적인 웃음과 부정적인 웃음으로 분류된다. 웃음은 대인관계를 형성하며 살아가는 인간의 비언어적인 의사소통의 하나이고, 상황관계성에서 웃음이라는 매개를 통해 부정적 관계와 긍정적 관계를 알리는 상징적 도구이기도 하다. 긍정적인 웃음은 대인관계를 보다 친밀하고 협조적인 관계로 만들어 주고, 일상생활의 창의적 사고 수준을 증진해 주는 역할을 하며, 업무의 생산성과 결속력을 극대화하는 요소이기도 하다.

웃음치료(laughter therapy)란 웃음에서 웃음을 통해 자신의 신체적·정신적 잔존 가능을 극대화시킴으로써 자신에게 긍정적인 변화를 가져오는 것을 말한다. 웃음을 통해 건강한 신체적·정신적·사회적 관계를 형성하고, 긍정적으로 인간의 삶의 질을 높이며 행복을 찾을 수 있도록 도와주는 것이라 할 수 있다.

3. 웃음치료의 효과

웃음은 기쁨과 즐거움의 자연적인 표현이다. 이것은 절망이나 슬픔과 같은 정서에서는 표출될 수 없는 것으로, 마음 상태를 반영하는 바로미터라 할 수 있다.

앵커링(Anchoring)이라는 심리학 용어가 있는데, 닻을 내려 배를 일정한 위치에 연결시킨다는 의미이다. 비유하자면, 과거에 있었던 나쁜 기억을 떠올리면 갑자기 표정이 일그러지는 것처럼 사람들은 과거의 잠재된 상황에 앵커링 된다는 것이다.

이제는 많은 사람들이 웃음에 앵커링 되었으면 한다. 즐거울 때 웃고, 웃다 보니 행복하고, 행복해하다 보니 좋은 일만 생긴다고 믿으면서 하루하루를 살아가자. 그리하면 내 마음속이 바로 천국이지 않겠는가! 웃음이라는 단어만 떠올려도 입가에 환한 미소가 지어지도록 항상 웃음에 앵커링 되어 보자.

— 웃음은 자연스럽게 우울한 마음을 사라지게 하여 우울증을 치료하는 데 탁월한 효과가 있다.
— 웃으면 다양한 호르몬이 분비되는데, 이때 집중력을 도파민의 분비도 증가함으로써 인지기능을 유지하거나 높이는 데 도움이 된다.
— 웃음을 통해 긍정적으로 세상을 보게 되고, 결국에는 삶 자체를 즐거운 마음으로 살도록 해 준다.
— 우울, 불안, 분노, 절망 같은 부정적인 감정이 조금씩 사라지고 세상과의 관계를 정상적으로 유지할 수 있다.
— 혈관계 치매에 나쁜 스트레스를 없애 주어 혈관계 치매를 예방할 수 있다.

웃음으로 치매를 예방하라

4. 치매예방을 위한 웃음치료의 활용

1) 생수통 대소

한 손에는 웃음통을 들고 또한 손에는 웃음 컵을 든 시늉을 하면서 웃음통에 있는 웃음을 웃음 컵에 따르며 신나게 웃다가 물 컵을 입에 갖다 대며 시원하게 물을 마시는 흉내를 낸다.

2) 박장대소

손뼉을 크게 치며 웃음은 '하 /하 /하'로 크고 길게 배꼽이 빠지도록 웃는다.

3) 책상대소

박장대소와 같은 방법으로 책상을 두드리면서 웃으며 발도 함께 구르면서 하면 더욱 효과적이다.

4) 뱃살대소

혀를 길게 내밀고 눈은 뒤집고 두 손은 아랫배를 치고 머리는 도리도리 좌우로 흔들며 크게 소리를 내면서 웃는다. 옆 사람과 서로 마주 보고 손은 사자 갈퀴처럼 앞으로 하고 머리를 흔들며 웃는다.

5) 사자웃음

혀를 길게 내밀고 눈은 뒤집고 두 손은 아랫배를 치고 머리는 도리도리 좌우로 흔들며 크게 소리를 내면서 웃는다.

6) 거울웃음

손바닥을 거울이라고 생각하고 손바닥을 보며 표정을 지으며 "나는 너무나 괜찮은 사람이야.", "나는 행복해.", "나는 즐거워.", "나는 나를 너무너무 사랑해." 하며 웃는다. 거울이 앞에 있지 않더라도 언제 어디서나 혼자서라도 손으로 거울을 보는 시늉을 하며 아름답게 미소를 짓고 '하하하!' 멋지게 웃어라. 옆의 짝꿍과 함께 거울을 보듯 바라보며 웃어라. 한 사람은 거울이고 한 사람은 웃는다. 거울은 상대가 웃는 표정과 행동, 웃음을 그대로 따라 한다.

7) 펭귄웃음

양손을 엉덩이 골반에 손바닥을 쫙 편 후 엄마 펭귄을 쫓아다니며 신나게 웃는다. 이때 입 모양은 오므리고 발동작은 보폭을 짧게 움직이며 재미있게 행동하고 아빠 펭귄, 아기 펭귄 순으로 서로 따라다니며 신나게 웃어 본다.

8) 핸드폰 웃음

때론 세상에 덩그러니 혼자 남겨진 듯 외롭고 힘들게 지쳐 있을 때 핸드폰을 들고 누구와 통화하는 듯 행동하며 신나게 웃는다.

9) 칭찬 웃음

서로 가위바위보를 하여 진 사람이 이긴 사람을 칭찬하도록 하고 이때 이긴 사람은 답례로 크게 웃어 준다.

웃음으로 치매를 예방하라

10) 거울웃음

양손을 가슴 앞에서 거울처럼 펼쳐 놓고 거울을 보며 "거울아 거울아, 이 세상에서 누가 제일 예쁘니?" 하고 물어본 다음 "나"라고 대답한 후, 크게 '하하하' 웃는다. 그다음 또 "거울아 거울아, 이 세상에서 누가 제일 예쁘니?"라고 물어본 다음 "또 나"라고 대답하고 크게 웃은 다음 "거울아 거울아, 이 세상에서 누가 제일 예쁘니?"라고 물어보고는 "역시 나." 아니면 "그래도 나."라고 대답하고 더 크게 웃어 본다.

11) 마음웃기

"나는 행복해", "사랑해"를 외치며 자신의 가슴을 끌어안으며 행복한 미소를 끌어낸다. 이때 〈당신은 사랑받기 위해 태어난 사람〉 음악을 틀어 놓는다. 음악을 들으며 자신의 존귀함을 깨닫고 세상에서 가장 귀하고 귀한 값진 자신의 존재를 사랑할 수 있는 마음을 갖게 한다.

12) 파도타기 웃음

파도타기 웃음은 다양한 방법으로 시도할 수 있는데, 큰 장소에서 하기가 수월하다. 한 사람이 먼저 박장대소를 시작하면서 차례대로 박장대소를 한다. 처음 사람은 끝날 때까지 박장대소를 하는 것으로 큰 웃음파도를 맛볼 수 있어 건강한 웃음소리를 이끌어 낸다.

13) 샤워 웃음

우리 몸의 때는 때수건으로 밀지만, 마음의 때는 웃음으로 밀어낸다. 두 사람이 한 조가 되어, 부위별로 목욕을 시킨다. 부위별로 웃음을 달리하여 웃음을 끌어올려 준다. 한 사람이 엄마가 되어, 다른 아이의 역할을 할 사람에게 웃음세수를 시켜 줘도 재미있다.

14) 스티커를 이용한 칭찬 웃음

다양한 스티커를 이용하여 놀이를 하며 웃음을 나누는 웃음기법이다. 서로 가위바위보를 해서 스티커 하나를 붙이면서 다른 사람을 만나서 웃음인사를 하고 똑같은 방법으로 웃음을 나눈다. 마지막 반전을 위해 한꺼번에 가위바위보를 해서 한 방에 붙이고, 많이 붙이거나 정해진 개수를 다 붙였을 때는 선물을 해도 좋다.

웃음으로 치매를 예방하라

쉽게 따라 즐기는 웃음 운동

1. 호호 다이어트

웃음이 다이어트에 도움이 된다는 연구 결과가 나왔다. 미국 테네시주 내슈빌의 밴더빌트대학 연구진이 그리스 아테네에서 열린 유럽비만회의에서 발표한 자료에 따르면, 10~15분 웃을 경우 중간 크기 초콜릿 1개에 해당하는 열량을 소모하는 것으로 나타났다. 개인의 체중이나 웃음의 강도에 따라 다르지만, 최고 50칼로리에 해당하는 것이다.

연구는 45쌍의 남-남(7쌍), 남-여(21쌍), 여-여(17쌍) 커플을 상대로 웃음과 칼로리 소모 관계를 정밀 측정하는 방식으로 이뤄졌다. 연구진은 호텔 방 형태로 특수 제작된 신진대사 실험실에서 코미디 비디오 프로그램과 일반 프로그램을 보여 주며 휴식을 취할 때와 웃지 않고 비디오를 시청할 때, 웃으면서 시청할 때의 소비 열량을 측정했다. 특히 연구진은 의도적인 웃음을 막기 위해 실험 대상자들에게는 다양한 비디오테이프를 볼 때의 감정 반응을 테스트하는 것이라고만 밝혔다.

실험 결과 웃을 때는 평상시보다 20% 이상 많은 열량을 소모하는 것으로 나타났다. "하루에 10~15분씩만 웃어도 1년에 2kg의 체중 감량 효과가 있다."고 말했다. 생리학자들은 웃음이 운동이나 아이스크림 섭취를 줄이는 것보다는 체중 감량에 아주 효과적인 방법은 아니지만 나름대로 가치가 있을 것 같다고 말했다.

한바탕 웃으면 5분 동안 에어로빅을 한 것과 같고, 10초 이상 배꼽을 잡고 웃으면 3분 동안 힘차게 노를 젓는 것과 같으며, 15초 동안 호탕하게 웃으면 3분 뛰는 것과 같다고 하니 웃음이 다이어트에 효과가 있다는 것은 당연한 일이다.

미국에서 최고로 인기가 있는 다이어트 프로그램 중에 호호 다이어트가 있는데 미국만도 1,000여 개, 전 세계적으로는 3,000여 개에 이른다. 호호 다이어트의 원리는 간단하다. 무엇을 하든 웃으라는 것. 밥 먹기 전에도 하하하 웃고, 운동을 하면서도 하하하 웃으며 하는 것이다. 밥 먹기 전에 웃으면 훨씬 이성적으로 밥을 먹기 때문에 적당량만 먹게 된다고 한다.

웃음으로 치매를 예방하라

2. 웃음으로 뱃살 빼기

유산소 운동과 더불어 웃음이 명약! 조금 먹고, 많이 걷고, 자주 웃는 것은 누구나 강조하는 뱃살 빼기의 비결이다. 무엇보다 걷기나 달리기, 자전거 타기 등 체질에 맞는 유산소 운동이 최고이며 일주일에 세 번 이상, 한 번에 30분 이상, 3개월 이상을 지속하는 333법칙이 적용돼야 효과를 볼 수 있다.

걷기 등의 유산소 운동은 다리와 허리 근육을 지속적으로 움직여주는, 말 그대로 자율진동. 귀찮더라도 생활 습관을 걸어 다니는 것으로 바꾸는 것만으로도 뱃살이 들어간다.

1) 웃으며 만보 걷기

나는 매일 만보 걷기를 해서 6㎏ 감량에 성공을 했다. 여기에 빼놓을 수 없는 것이 웃음 요법. 이때의 웃음은 기분을 상쾌하게 하는 미소 정도가 아니라 뱃살을 자극하는 엄연한 운동이라는 것을 명심해야 한다. 크게 "하하하" 웃을 때 뱃살이 진동하도록 호탕하게 웃는 것이 포인트이다. 가슴이 답답한 사람은 처음에는 쉽지 않지만 계속 아랫배가 진동하는 웃음을 웃으면 눈물 콧물을 쏟으며 몸이 정화되는 강력한 처방법이다. 아랫배를 주먹으로 통통통 두드리는 워밍업과 함께 웃는 운동을 하는 것도 좋다.

2) 아침, 저녁 잠자리에서 복근운동

배의 내장기관을 잘 지탱해 주는 운동을 하면 배를 단련시키고 뱃살을 뺄 수 있다. 매일 아침, 저녁으로 잠자리에서 10~20분씩 해 주는 것이 좋다. 복근 운동을 하고 난 후에는 틈틈이 배를 주물러 주거나 손바닥을 비빈 후 따뜻해진 손바닥으로 배 전체를 시계방향으로 돌려주면 더욱 효과적이다.

① 누워서 양손을 배에 올려놓은 후 배에 힘을 주고 빼고를 반복한다. 처음에는 강도를 약하게 하다가 나중에는 집중적으로 최대한 당기고 풀기를 반복하며 진동을 하다 보면 집중이 되는 부위가 있는데, 이 부위에 집중하면서 리듬을 타듯 진동을 주면 내장기관이 살아나는 것을 느낄 수 있다.

② 누운 상태에서 다리를 쭉 펴고 아랫배에 힘을 주고 다리를 45도 들었다 내리기를 되풀이한다. 단, 요통이 있는 사람은 삼가는 것이 좋다. 이 운동을 통해 복근이 강화된 후에는 상체와 하체를 V자로 들어 올리는 것도 시도해 본다. 이때 복부에 집중하면 뱃살들이 쉴 새 없이 진동을 하면서 지방이 연소되는 것을 느낄 수 있다.

③ 양손을 목 뒤에 깍지 끼고 무릎을 세운다. 이 자세에서 오른쪽 팔꿈치와 왼쪽 무릎, 왼쪽 팔꿈치와 오른쪽 무릎을 엇갈려서 부딪치는 동작을 취한다. 이 동작을 취한 상태에서 배에 집중하면 뱃살이 진동하는 강력한 효과는 물론 허리 전체를 날씬하게 하는 효과를 볼 수 있다.

④ 등을 대고 누운 상태에서 양손을 깍지 껴 머리 밑에 놓고 양 무릎을 세운다. 이 자세에서 천천히 배를 위로 들어 올린다. 이때

조용히 입으로 숨을 내쉬는 것이 포인트이다. 숨을 다 내쉬고 나서는 다시 원위치한다. 이 동작은 배설 기능을 자극해 한 달쯤 지나면 현저히 줄어든 허리둘레를 확인할 수 있다. 허리를 들어 올렸을 때 뱃살 진동을 맛보려면 "이크"라는 발음을 내는 것도 좋다. "이크"는 배를 진동시키는 발음이므로 내장기관을 자극하는 효과를 볼 수 있다.

3. 웃음으로 작은 얼굴 만들기

1) 턱 진동

턱을 좌우로 돌려준다. 좌우로 돌리는 것이 자연스러워지면 위, 아래로도 돌려준다. 입을 크게 벌리고 턱으로 무한대를 그려 준다. 처음에는 잘 안되지만 계속할수록 익숙해지고 유연해지는 것을 알 수 있다. 특히 턱은 신장과 연관된 부분으로 턱을 진동하면 신장으로 흐르는 경락을 자극시킬 수 있다. 무서움을 잘 타고 하품을 많이 하는 사람에게 효과적인 진동법이다.

2) 구강 진동

발성을 내면서 구강의 진동에 집중한다. 발성을 하면 얼굴 근육에 자극이 가는 것은 물론 입안과 성대까지 진동한다. "아, 에, 이, 오, 우"의 발음을 최대한 크게 하면서 당기는 얼굴 근육에 집중하다 보면 얼굴 전체에 탄력이 생긴다. 기운을 타다 보면 특정 발음이 계속될 수도 있고 입 모양이 여러 가지 형태가 나올 수 있는데, 이때는 그 흐름에 맡기면 된다.

3) 귀 진동

대부분의 동물과 소수의 사람만이 귀를 움직일 수 있다. 퇴화 단계에 이른 움직임을 찾는 것도 생명에너지에 이르는 한 방법. 처음에는 잘 되지 않지만 토끼처럼 귀를 쫑긋쫑긋 귀의 움직임에 귀를 기울여 보자. 귀를 진동하다 보면 태양혈이 자극을 받게 되고 오감을 넘어선 뇌의 감각이 깨어난다. 귀가 잘 움직여지는 사람은 양쪽 귀를 번갈아 쫑긋거려 보자.

4) 코 진동

코는 얼굴의 기둥이다. 체내 장기 중에는 비장과 관련이 있으며 비위가 약하고 트림을 자주 하는 사람에게 효과적인 진동이다. 코를 진동하는 가장 쉬운 방법은 양 미간을 찡긋거리는 것이며, 콧잔등에 주름이 지면서 주변의 피부가 단련된다. 좀 더 세밀한 진동으로는 콧구멍을 벌렁거리는 것이 있는데, 양쪽 콧구멍을 번갈아 벌렁거리기 위해서는 섬세한 노력이 필요하다.

5) 혀 진동

원주민들의 전통 춤을 보면 혀를 내밀었다 당겼다 하면서 춤을 추는 모습을 볼 수 있다. 어쩌다 한 번쯤은 고정관념을 탈피하고 혀를 진동해 보자. 뇌에 신선한 충격을 주게 될 것이다.

6) 볼 진동

입을 약간 부풀려 입안의 물을 헹궈 내는 동작을 하면서 볼을 움직인다. 볼 전체가 시원해지고 부드러워질 때까지 하는 것이 좋다. 왼쪽 뺨은 간과 연관이 있고 오른쪽 뺨은 폐와 연결되어 있으니 볼을 진동하는 것으로 간과 폐에도 자극을 줄 수 있다. 화를 잘 내거나 재채기를 자주 하는 사람에게 효과적이며 볼에 살이 많아서 고민인 사람은 수차례의 진동을 통해 얼굴의 군살 제거에도 도움이 된다.

7) 목 진동

목의 진동은 외부와 내부의 진동으로 나눌 수 있는데, 목을 돌리거나 늘려 주는 것인데, 목 진동을 할 때는 천천히 목을 돌려 완전히 힘을 뺀 상태로 충분히 목을 풀어 주고 하는 것이 좋다.

8) 눈과 이마의 진동

눈을 뜨고 감고 눈동자를 굴리는 것이 진동의 기본이다. 이마 진동은 이마를 찡그리는 것으로 시작한다. 이마를 찡그리는 것이 잘되면 정수리의 머리 가죽이 이마를 당기는 연습도 함께하길 바란다. 특히 이마는 오행상 심장과 연관이 있으므로 잘 놀라거나 심장이 약한 사람이 해 주면 좋다.

5부 만병통치약, 웃음 테라피

4. 웃음으로 하는 가슴 운동

1) 앞가슴 두드리기

스트레스가 쌓여 답답할 때, 일이 뜻대로 풀리지 않아 화가 치밀 때 자기도 모르게 가슴을 치는 행위도 자율진동이다. 순간적으로 답답하게 막힌 임맥선을 두드리기 위해 손은 뇌보다 먼저 가슴으로 향한다.

2) 고개 들고 가슴살 떨기

반듯이 누운 상태에서 가슴 정중앙에 실을 하나 매달았다고 상상한다. 그 실을 위에서 쭉 당긴다는 느낌으로 상체를 들어 준다. 이 상태에서 단전에 힘을 주고 가슴살이 진동하는 것을 느껴 보자. 가슴 부위 세포 하나하나의 진동에 집중한다. 운동량이 상대적으로 적은 가슴 근육을 탄력 있게 단련하는 효과를 볼 수 있다. 처음부터 너무 무리하지 말고 차츰 횟수와 시간을 늘려 가는 것이 좋다.

5. 노래와 웃음 테라피

노래는 사람 사이에 서로 감정을 주고받는 도구다. 노래 가사에는 인간의 희로애락이 담겨 있고 손짓 몸짓으로 감정을 표현하면서 웃음과 기쁨을 줄 수 있다.

노래를 부르면 스트레스도 날리고 마음이 편해지면서 젊어진다.

입을 정확히 크게 벌리며 가사에 신경 쓰며 부르게 되면, 눈가에 관자놀이 부근 근육이 발달하여 눈가에 주름이 펴질 것이라 생각한다.

슬플 땐 슬픈 노래, 즐거울 땐 즐거운 노래 가사 속에 공감하면서 직접 간접적으로 쌓아 놓은 감정을 달래게 될 것이다.

1) 기관지에 효과적이다

노래하거나 웃을 때는 소리를 크게 내야 하기 때문에 복식 호흡으로 한다. 들숨(들숨은 5초 들이마시고)과 날숨(내쉬는 호흡은 10초로 두 배 길게 내쉬어야 함)을 사용하여 가슴 깊은 곳까지 산소가 공급되며 스트레스 호르몬의 억제 효과가 있다. 그래서 소리를 크게 내며 노래를 부르거나 웃으면 유산소운동과 같이 가슴이 뻥 뚫리며 후련해지는 것이다.

2) 심 혈관에 효과가 좋다

우리 몸의 혈관은 입술보다 10배 얇은 혈관의 길이는 80,000㎞를 넘는데, 이는 지구를 두 번 반이나 감을 수 있는 길이이다. 혈관이 한 번 막히면 뇌경색 등으로 심한 질환이 올 수 있다.

3) 오장육부(五臟六腑)에 효과가 좋다

노래를 부를 때나 웃을 때는 온몸을 흔들어 주기 때문에 오장육부 운동을 시켜 주는 것과 같은 효과가 있다. 즉, 노래나 웃음을 통해 요절복통하거나 박장대소는 오장육부를 원활하게 움직여 주고 얼굴과 복부 근육에 리프팅의 효과도 가져다준다. 또한 웃음과 노래는

5부 만병통치약, 웃음 테라피

근육을 펴 주고 심호흡과 배를 힘 있게 움직여 주는 역할을 하며 괄약근 운동의 효과가 있다.

나이가 들어갈수록 소변이 자주 마렵고 장거리 여행을 할 때도 불안함을 느끼게 되는 요실금의 경우는 줄넘기를 할 때나 크게 웃거나 기침만 해도 소변이 지릴 때가 있다. 위에서 말했듯 노래와 웃음은 요실금에 좋은 괄약근 운동의 효과가 있고 심리적으로 불안해하거나 초조해하는 것도 치유해 준다.

4) 노래와 웃음으로도 항체가 생성된다

항체는 면역력을 말하는데, 노래로 즐거움을 느낄 때 항체가 생성된다. 우리 뇌는 진짜와 가짜를 구분하지 못하기 때문에 억지로 웃어도 우리 몸에선 즐거워서 웃을 때와 똑같이 호르몬이 나온다. 신나게 노래를 부른 후 마음이 가볍고 즐거워지면 웃음을 통해 더 많은 항체를 생성시킨다.

— 노래와 웃음은 친구와 같다.
— 노래와 웃음은 애인과 같다.
— 노래와 웃음은 희망이자 활력소이다.
— 노래와 웃음은 조건이 없다.
— 노래와 웃음은 특별한 형식이 필요 없다.
— 노래와 웃음은 오래 산 부부와 같다.
— 노래와 웃음은 자식보다 낫다.
— 노래와 웃음은 소통을 원활하게 한다.

웃음으로 치매를 예방하라

— 노래와 웃음은 면역력을 키워 준다.

— 노래와 웃음은 서먹한 관계를 부드럽게 만든다.

— 노래와 웃음은 TV이다.

— 노래와 웃음은 어색한 분위기에서 자신감을 심어 준다.

— 노래와 웃음은 대화를 부드럽게 열어 준다.

6. 치매를 예방해 주는 아침의 건강박수

박수의 효과로는 혈액순환에 탁월한 효과뿐 아니라 신진대사까지 촉진시킨다. 30초간 박수를 치면 10m 왕복달리기를 하는 것과 거의 맞먹는 운동 효과가 있고, 스트레스 해소뿐 아니라 체중 감량, 집중력 향상, 치매 예방에도 도움이 된다고 한다. 특히 양손을 자극하는 건강박수는 뇌의 건강에도 긍정적인 영향을 미친다고 한다.

물론 박수만 친다고 해서 당장 질병이 낫는다거나 체중 감량 효과를 보는 것은 아니다. 건강박수는 비용의 부담도 전혀 없이, 시간이나 장소의 제약을 받지 않고 언제 어디서든지 간단하게 실천할 수 있다는 장점이 있다.

질병을 예방하려면 자신의 몸에 대한 관심과 건강을 지키려는 노력과 운동습관, 긍정적인 사고방식 역시 필요하다. 아래에서 소개하는 박수는 '신바람 건강박수 체조'로, 스트레칭과 박수를 겸하고 있어 스트레스 해소와 혈액순환에 효과적이므로 한두 가지 박수만이라도 골라서 하거나 순서대로 3~5분간 계속하기를 권한다.

1) 긴장 풀기 박수

양손을 깍지 낀 채 머리 위로 쭉 폈다가 그대로 등 뒤로 보내며 등을 뒤로 젖힌 상태에서 박수를 한 번, 다시 바로 앉은 상태에서 양손을 등 뒤에서 깍지 끼었다가 깍지를 풀면서 가슴 앞에서 박수를 한 번 친다.

2) 사랑 박수

우리는 박수를 언제 치는가? 웃으면서 상대의 눈을 바라보며 박수를 쳐 보자. 빠른 속도로 서로를 쳐다보고 박수를 치기만 해도 호흡이 빨라지고 전신에 열이 나는 것을 누구나 경험할 수 있다. 손에는 전신에 연결된 340여 개의 경혈과 14개의 기맥이 있어 박수만 잘 쳐도 각종 질병을 예방할 수 있다.

3) 온몸 흔들기 박수

몸에 붙은 먼지를 여기저기 털어 내듯 좌우로 몸을 흔들어 댄다. 뭉쳐 있던 근육이 풀리고 긴장된 몸이 편하게 이완된다.

4) 주먹 박수

주먹 박수는 어깨와 팔뚝의 근육을 강화하고, 혈액순환을 촉진하는 데 도움이 된다. 양손 주먹을 쥐고 박수 치듯이 박수를 쳐 주는데 손가락이 아플 정도로 쳐야 한다. 만성두통 및 어깨 통증의 예방에 좋다고 한다.

5) 손등 박수

손등 박수는 두 손의 손등에 힘을 빼고, 가볍게 부딪치는 것을 말한다. 손등 박수는 혈액순환을 촉진하고, 어깨와 팔뚝의 근육을 강화하고 요통 및 척추 교정에 도움이 된다. 손등 박수를 치는 방법은 다음과 같다.

① 양손의 손등을 서로 부딪친다.
② 손등을 부딪치는 위치를 바꾸고, 다시 박수를 친다. 손등 박수를 칠 때는 너무 세게 쳐서 손가락이나 팔이 아프지 않도록 주의해야 한다.

6) 봉오리 박수

꽃의 봉오리 모양을 연상케 하는 봉오리 박수는 손목과 연결된 손바닥의 끝 부분을 댄 채 박수를 쳐 주는 것이다. 이 박수의 효과는 우리 몸의 생식기능인 신장, 방광, 전립선을 강화시켜 주어 몸에 좋다고 알려져 있다.

7) 달걀 박수

손바닥에 계란을 쥔 모양으로 손을 힘차게 쳐 주는 달걀 박수는 중풍 및 치매 예방에 효능이 있다.

8) 목뒤 박수

양손을 모아서 목뒤로 돌려서 자연스럽게 박수를 빠르게 쳐 주는

5부 만병통치약, 웃음 테라피

것으로, 어깨 피로를 풀어 주는 효과가 있다.

9) 손바닥 박수

14개의 기맥과 345개의 경혈점이 모여 있는 손바닥에 자극을 주는 박수로, 제일 흔한 박수이다. 내장기능을 강화시켜 주고 당뇨 합병증을 예방해 준다. 손뼉을 칠 때 발생하는 소리는 공기를 진동시키고, 이 진동은 우리 몸의 혈액순환을 촉진하는 데 도움이 된다. 또한, 손뼉을 치는 것은 스트레스를 해소하고 기분을 좋게 하는 데에도 효과적이다.

손뼉을 치면 기분 전환, 혈액순환 촉진, 집중력 향상, 스트레스 해소, 면역력, 노화 방지 등 그 효능이 상당히 많다. 방법도 간단하다. 양손을 마주쳐 소리가 나도록 치기만 하면 된다. 손뼉을 치는 강도는 각자 체력과 상황에 따라 조절하면 된다.

손뼉을 치는 것은 누구나 쉽게 할 수 있는 운동이기 때문에, 건강을 유지하고 싶은 분들은 손뼉을 치는 것을 생활습관으로 만들어 보는 것도 좋다.

10) 손가락 끝 박수

손가락 끝 박수는 열 손가락의 끝부분만 대고 박수를 치는 것을 말하며, 만성비염 및 코감기의 예방에 효과가 있다. 손가락 박수를 칠 때는 손가락 끝에 힘을 주지 않고, 가볍게 쳐야 한다.

11) 먹보 박수

주먹으로 다른 손바닥을 힘차게 내리쳐 주는 먹보 박수는 폐 기능을 강화시켜 주고, 혈액순환 개선에도 도움이 많이 된다. 먹보 박수를 치는 방법은 다음과 같다.

① 한쪽 손을 펴고, 다른 손은 주먹을 쥐고, 펴진 손의 손가락 끝을 주먹으로 친다.
② 주먹을 쥐고 있는 손을 서로 바꿔 가며, 다시 ①의 과정을 반복한다. 먹보 박수를 칠 때는 너무 세게 쳐서 손가락이나 팔이 아프지 않도록 주의해야 하며, 자주 할수록 좋다.

7. 긍정적인 표정 만들기 12가지 방법

긍정적인 마음을 가지면 좋은 표정이 나온다. 또, 긍정적인 표정을 짓고 있는데 부정적인 마음이 들지 않는다. 무엇보다 꾸준한 노력이 필요하고, 그러다 보면 자신의 몸에 맞는 방법이 체질화된다. 이것이 습관이 되다 보면 늘 긍정적인 마음, 웃는 얼굴, 좋은 표정이 된다.

1) 자신의 얼굴을 잘 관찰한다.

먼저 거울 앞에 앉아서 자신의 얼굴을 가만히 들여다본다. 그런 다음 자신의 얼굴이 밝은가, 어두운가, 경직되어 있는가, 편안한가를 관찰한다.

2) 미친 사람처럼 온몸으로 5분 정도 웃는다

다음은 미친 사람처럼 온몸을 흔들며 소리 내어 웃는다. 뒹굴면서 혹은 마주 보며 웃어도 좋다. 처음에는 어색하겠지만, 웃음에 몰입하다 보면 그런 생각조차 사라진다.

얼굴이 웃다가 가슴이 웃고, 나중에는 발가락이 웃을 때까지 맘껏 웃는다. 이러면 온몸의 혈이 열리고, 에너지의 근원인 단전이 열리고, 발바닥의 용천까지 열리면서 기운이 샘솟게 된다. 이렇게 미친 듯이 5분 정도 웃는다.

3) 웃는 것과 찌푸리는 것을 반복한다

이번엔 거울 속의 자신을 향해 어깨에 힘을 빼고 편안하게 웃어 본다. 얼굴과 뇌의 긴장이 풀리는 것을 느낄 수 있을 것이다.

다음엔 반대로 얼굴을 잔뜩 찌푸려 본다. 인상을 쓰는 순간, 가슴이 막히고 뇌가 긴장됨을 느낄 수 있을 것이다. 이렇게 3분 정도 반복하면 아주 좋은 뇌 운동이 된다.

4) 미소를 생활화하라

- 상대방을 진심으로 좋아하려는 노력을 의식적으로 기울인다.
- 사람과 사물에 대해서 의도적으로 긍정적인 면을 찾아본다.
- 맘에 들지 않은 사람에게도 반가운 미소를 보인다. 그리고 그 미소가 이중적·위선적인 태도가 아니라 자신의 인성이 성숙하고 관대하기 때문이라고 생각해 본다.

웃음으로 치매를 예방하라

5) 2분 정도 활짝 웃는다

이젠 본격적으로 웃어 본다. 얼굴에 조용한 미소를 지으며, 웃을 때 몸에 일어나는 감각의 변화를 느껴 본다.

얼굴 근육이 부드럽게 펴지면서 마음이 편안해짐을 느낄 것이다. 좀 더 활짝 웃어 보면, 기 감각이 예민한 사람은 뇌로 맑은 기운이 들어오는 것을 느끼게 된다.

계속 웃으면서 집중하면 뇌와 가슴이 하나로 연결되고, 마음 한구석에 자리 잡고 있던 부정적인 기운이 사라진다. 기쁨에 겨워 어쩔 줄 모르는 표정을 지으며, "나는 지금 너무나 행복하고 편안하다."라고 자신에게 나직하게 속삭여 본다.

2분 정도 지나면, 자신이 존재하고 있다는 사실만으로도 가슴이 벅차오르면서 즐거워질 것이다.

6) 성공적으로 제대로 잘 웃는 방법을 익혀라

- 양쪽 눈꼬리를 연결하는 선과 입 모양이 역삼각형을 이룰 때 가장 아름답다.
- 입꼬리를 최대한 귀밑까지 끌어올리며 웃는다.
- 웃을 때 입술이 비뚤어지지 않도록 주의하고 반듯하게 대칭이 되도록 한다.
- 때로는 큰 소리로 웃어 얼굴 근육을 크고 유연하게 만든다.

7) 맑고 선한 눈매 만들기 운동을 하라

눈을 뜨고 눈동자를 좌우로 열을 세면서 둥글게 5~6회 굴린다.

8) 부드럽고 안정적인 눈매 만들기 연습을 하라

- 얼굴은 움직이지 말고 시선만 오른쪽 옆으로 옮겨 본다.
- 시선을 오른쪽으로 옮기기 전에 앞쪽 아래를 쳐다본다.
- 다시 시선만을 오른쪽 옆으로 옮겨 본다.

9) 활기찬 표정을 위해 얼굴 근육을 올려 주어라

- 얼굴 근육은 나이가 들수록 탄력을 잃고 아래로 처진다.
- 얼굴 턱과 양 귓가 사이에 양손을 받치고 양 눈썹 위쪽으로 얼굴을 밀어 올려 준다.
- 많이 수시로 웃으면 얼굴 근육이 자연스럽게 올라간다.

10) 아침에 일어나면 거울을 보고 '휴머니스트 선언'을 만들어 큰 소리로 반복한다

"나는 나 자신과 주위 모든 사람들을 진정으로 사랑하며 친절을 베푸는 이 시대 진정한 휴머니스트이다."

11) 화가 나거나 불만스러울 때는 심호흡을 하고 "아, 에, 이, 오, 우"를 크게 반복하라

- 거울을 들여다보면서 자신이 만들 수 있는 표정을 다양하게 만들어 보고 멋있는 표정을 찾아내 본다.
- 인간의 얼굴에는 무려 80여개의 근육이 있어 7천 가지 이상의 표정을 만들 수 있다. 상황별로 자신만의 독특하고 멋있는 분위기의 표정을 찾아내서 반복 훈련해 보자.

웃음으로 치매를 예방하라

- 거울을 볼 때마다, 사람을 만날 때마다, 그리고 혼자 있을 때에도 맘껏 웃는다. 우리의 뇌가 그것을 원하고 있다. 이렇게 웃는 훈련을 계속하면 얼굴의 골격이 바뀌고, 생각이 달라지고, 훨씬 젊어질 것이다.

12) 자기 전 하루 반성의 시간을 가져라

나와 다른 사람에게 얼마나 성의를 다했는가를 반성하고 내일을 계획하며 온화한 표정으로 잠들어 보자.

웃음과 감사로 내 안의 정원을 아름답게

3년 전 목이 너무 아파 병원을 찾아갔다. 의사는 이상하다면서 이것저것 검사를 시작했다. 며칠 후 결과를 보러 갔는데 갑상선의 혹이 악성으로 보인다고 했다. 그래서 그 이후 다른 병원도 가 봤지만 수술 외에 답이 없다고 했다.

안양의 한 병원에서 수술을 했고 조직검사 결과가 좋지 않았다. 여포성 갑산선암 3기(혈관 타고 가는 암). 결과는 나를 끝없는 절망 속으로 빠지게 했다. 한참을 멍하니 있다가 '내가 이제 죽는 것인가? 그냥 앞만 보고 열심히만 살았는데, 나름 좋은 일도 하고 평범하게 살았는데 나한테 왜? 대체 왜?'라는 원망만 생겼다. 주변 사람들은 갑상선암을 간단한 수술이라며 별로 대수롭지 않게 여겨 나를 더 힘들게 했다.

1차 수술 후 한 달쯤 지나서, 서울의 한 병원을 찾아 다시 2차로 나머지 갑상선을 제거하는 수술을 했다. 그 후 목소리도 제대로 나오지 않자 고통과 함께 많은 생각들이 스쳐 지나갔다. '나는 언제까지 견딜 수 있을까? 삶이란 무엇인가? 모든 것은 나의 선택에 있다는 것을 왜 이제야 알게 된 것일까?' 환자들이 아플 때 하는 질문들을 나도 삶의 끝자락에서 스스로에게 던져 보았다.

수술 후 방사선 동위원소 치료를 받고 한참을 걷지도 못했었다. 목이 당기니 몸이 움츠려지고 온몸을 움직이는 것이 너무 힘들었다. 그때서야 알게 되었다. 마음을 다치면 우리 신체 구조가 그대로 굳어 간다는 것을.

요즘은 매 순간 감사한 생각을 하며 산다. '내가 수술이 잘못되어 죽었으면 이렇게 살지도 못하잖아. 나는 정말 행운아야. 이제부터라도 정말 마음을 비우고 열심히 봉사하는 마음으로 살아야지.' 매일같이 다짐하며 살아간다.

그리고 처음으로 나 자신을 위한 여덟 가지 약속을 만들어 보았다.

첫째, 매일 운동을 하자.

둘째, 수면은 7시간 이상 꼭 지키자.

셋째, 매일 책을 읽자.

넷째, 매 순간마다 감사하며 살자.

다섯째, 매일 일기를 쓰자.

여섯째, 긍정적인 생각을 하자.

일곱째, 나 아니면 안 된다는 생각을 버리자.

여덟째, 욕심을 버리자.

씨앗도 거름이 잘되어 있어야 새싹을 피운다. 아스팔트에 씨앗을

마치는 글

뿌려 보자. 새싹이 나오는가? 우리가 상상한 대로이다. 옛말에 "뿌린 대로 거둔다."라는 말이 있다. 나는 지금까지 열심히만 살면 되는 줄 알았다. 내 안의 정원을 예쁘고 아름답게 가꾸고 싶었지만 물과 거름을 주는 방법을 모르고 살았던 것이다.

알 수 없는 미래는 우리에게 두려움을 안긴다. 하지만 아름다운 인생의 정원을 위해서 나는 오늘도 함께하고 싶어서 달리고 있다. 여러분도 이 책을 통해 여러분만의 정원을 웃음과 감사로 아름답게 가꾸어 나가길 바란다. 그래서 행복하고 건강한 100세 시대를 누리시길 기원한다.

이 순 자 올림

웃음으로 치매를 예방하라

- 고숙정(2012). "노인부부의 치매지식, 자기 효능감, 우울이 치매예방행위에 미치는 영향", 경희대학교대학원 석사학위논문.

- 국가예산정책처(2014). https://www.nabo.go.kr, "행복한 고령사회를 위한 정책과제"를 주제로 「치매관리정책 토론회」.

- 국민건강보험(2015). http://www.nhis.or.kr, 2015년 노인장기요양보험통계연보.

- 김근홍, 손덕순, 김효정, 송지원(2105). "노인의 가족건강성과 치매 태도와의 관계연구", 「한국지역사회복지학」, 53: pp.341-365.

- 김영서(2015). "정상 성인에서 치매의 인지도와 인지도에 영향을 미치는 요인 연구", 원광대학교 일반대학원 의학과 석사학위논문.

- 김중환(2016). "농촌지역 중·장년층의 치매태도와 치매지식에 따른 치매예방행위", 대구한의대학교대학원 석사학위논문.

- 김지연, 정재범, 박문호, 박건우, 최문기(2010). "노인성 치매에 대한태도유형연구", 「한국산학기술학회논문지」, Vol.11, No.10 pp.3700-3706.

- 김현희(2016). "중장년층의 치매지식과 태도 및 건강증진행위", 한양대학교 임상간호정보대학원 석사학위논문.

- new.neuro.or.kr/public, 신경과 증상 및 질병, 대한치매학회(2019). http://www.dementia.or.kr, 치매 정의.

- "치매 예방행위에 관한 연구", 호서대학교, 「한국콘텐츠학회논문지」,

255

18(4), pp.653-663.

• 보건복지부(2014). http://www.mohw.go.kr, 치매예방수칙 및 치매예방 운동법 발표.

• 서국희, 김장규, 연병길 외 5인(2000). "노인기 치매와 우울증의 유병률 및 위험인자", 「대한신경정신의학회」, 39(5), pp.809-824.

• 야부키 토모유키, 황미숙 역, 『치매라고 두려워 마라』, 알에이치코리아, 2023.

• 이경원, 김애리(2016). "지역사회 노인의 치매지식, 치매불안감 및 치매예방 행위와의 관계", 「한국웰니스학회지」, Vol. 13, No. 4, [2018], KCI 등재.

• 이영휘(2007). "치매교육이 저소득층 중년여성의 치매에 대한 지식, 태도와 치매 예방행위의 변화에 미치는 영향", 인천광역시 남구치매센타 연간보고서.

• 이영휘, 우선미, 김옥란, 이수연, 임혜빈(2009). "저소득층 중년여성의치매 지식, 태도, 자기 효능과 예방행위와의 관계연구", 「성인간호학회지」, 21(6), pp.617-627.

• 이인자(2001). "일반노인의 치매지식정도 조사연구", 한림대학교 사회복지대학원 석사학위논문.

• 이지희, 이은희(2016). "치매예방 증진 행위에 영향을 미치는 요인:치매태도의 매개효과를 중심으로", 「한국비교정부학보」, 제20권 제3호, pp.89-117.

• 이춘자(2003). "간호사의 노인에 대한 지식과 태도 – 일반종합병원과 노인전문병원 중심으로", 한림대학교대학원 석사학위논문.

• 이현주(2017). "치매 정책의 방향과 사회복지학의 과제", 한국노인복지학회 추계 학술대회 논문.

• 장윤정, 이지은(2016). "치매에 대한 태도에 영향을 미치는 요인의 연령군별

웃음으로 치매를 예방하라

비교: 청소년을 대상으로", 「한국보건사회연구원」, Vol.

- 36 No. 1, pp.233-260.

- 전예지(2018). "장년층의 치매에 대한 지식, 태도 및 관심이 치매예방 행위에 미치는 영향", 서강대학교 신학대학원 석사학위논문.

- 중앙치매센터(2018). https://www.nid.or.kr, 대한민국 치매 현황.

- 캐슬린 테일러, 강병철 역, 「치매」, 김영사, 2023.

- 통계청(2019). http://kostat.go.kr, 2018 한국의 사회지표.

- 한정순(2005). "치매에 대한 인식과 태도와의 관계", 조선대학교대학원, 석사학위논문.

- 시마다 아키히코, 박금영 역, 「소통이 인맥이다」, 앱투스미디어, 2010.

- 대니얼 골먼, 장석훈 역, 「감성의 리더십」, 청림출판, 2003.

- 박인옥, 「웃으면 행복하고 웃기면 성공한다」, 2009.

- 신정길, 「감성경영 감성리더십」, 넥스비즈, 2004.

- 하준호, 「한국적 감성 리더십」, 미래문화사, 2011.

- 정미영, 「스피치 커뮤니케이션 이론과 실제」, 한국학술정보, 2009.

- 남재혁(2005), 「리더의 감성지능과 리더십 스타일에 관한 연구」, 한국항공대 대학원.

- 최광선, 「인간관계 명품의 법칙」, 리더북스, 2006.

- 분승권 문형남 신정길, 「감성경영과 감성 리더」, 넥스비즈, 2008.

참고 자료

• 조광현, ETRC 센터장, 인간의 감성을 읽는 기술과 서비스, 2011.

• 삼성경제연구소 – http://www.seri.org

• LG경제연구원 – www.lgeri.com

웃음으로 치매를 예방하라